青春文庫

親が与えている愛 子どもが求めている愛

「いい子」は、なぜ幸せになれないのか

加藤諦三

青春出版社

はじめに「真面目ないい子」がなぜ、突然問題を起こすのか

無駄に人生を生きている人は多い。その典型が「良い子」である。真面目に仕事をし、真面目に勉強しているのに、最後には心理的に八方塞《ふさ》がりになってしまう。日常生活においてもすべてに努力しているが、人間関係はすべてうまくいかない。

外側の生活はまともなのだけれども、心はいつも悩んでいる。いつも不服である。心の底から満足するということがない。でも、その不満を外に表さない。どこが間違っているか本人にも分からないが、どこかが間違っていることは確かである。

努力していても、我慢していても、なぜか生きることは、日に日に辛《つら》いものになっていく。どうも何もかも思うようにいかない。誰も自分の不満の本当の原因を分かってくれない。

立派な大人、立派な少年になっているのだが、心は成長していない。

オタマジャクシが成長して、カエルになれずに小川で巨大なオタマジャクシになった。しかし年齢が年齢なので、昼間は河に出かけていって、カエルのふりをしている。そして、またもとの小川に戻ってきた。河でカエルのふりをしているから疲れる。しかし、小川も小さいころのように居心地が良くない。

「良い子」の例で言えば、河が「現実」である。小川が五歳のときの世界である。現実は学校に行ったり、会社に行ったり、家庭生活をしたりである。

そこで、この本では、カエルのふりをした大きなオタマジャクシがどうしたら大きな河で居心地良く住めるかを考えた。

いわゆる「良い子」の最大の問題は、幼児的願望が満たされていないことである。幼児的願望が満たされないと、大人になってからも、接する人々にそれを満たしてほしいと心の底で求める。「自分にこれをしてほしい」「自分のことをこう思ってほしい」「自分のことをこうほめてほしい」などなど、さまざまな要求がある。それがほとんど満たされない。そしてそれを満たしてくれないから憎しみを持つ。

それにもかかわらず、「良い子」は人から好かれたいから人にいい顔をする。八方美人でいる。「良い子」は憎しみを心の底に持ちながら、「いい人」を演じる。だから、生きるのが楽しくない。

そして、幼児的願望が満たされていないことの次の問題は、好きなことが見つからないということである。なぜなら、憎しみが心を占めてしまい、自分が何が好きだか分からなくなるからだ。

せめて何が好きなのか分かれば、それにエネルギーを向けられるのに、何が好きなのかも見つからない。探しても見つからない。

いわゆる「良い子」は軽症ノイローゼであるが、そのノイローゼを治そうにも、そのエネルギーをどこに向けていいか分からない。好きなことが分かれば、エネルギーをそこに向けることで、解決の方向が見えてくる。しかし、どこにエネルギーを向けたらいいのかも分からない。

うつ病になりやすいという執着性格者が、趣味さえも持つべきものとなってしまうというのと同じである。好きなことがないということは、恐ろしいことである。

幼児的願望が満たされていないから、好きなものが分からない「良い子」に「好きなことをしてもいいです」とか、「趣味を持ちなさい」と言うのは、的外れなアドヴアイスなのである。

そして表面的には「何の問題もない」良い子が、ものすごい問題を起こすことがある。真面目な少年が人を殺すと大騒ぎをする。しかし、どこからも注目されないが、似たような事件は連日起きている。

先日、私がパーソナリティーを務めるラジオのテレフォン人生相談に、電話がかかってきた。

「うちの子は何の問題もありませんでした。手のかからない子でした。言うことをよく聞く素直な良い子でした……」

まるで教科書に出てくるような「良い子」であった。しかし、家出して行方不明になってしまった。親は自殺したものとあきらめている。

この本では、そうした「良い子」の心のなかに何が起きているかに焦点を合わせた。

世間を驚かす少年犯罪が起きるなかで、「良い子」の真面目さが注目され始めたが、実は問題は中高年でも同じことなのである。この「良い子」のような真面目な人の問題は、青少年ばかりではなく、今の日本では、あらゆる年齢で深刻化している。

真面目なビジネスマンが、家庭で妻や子どもに殴る蹴るの暴力を振るう。また、彼らの異常な嫉妬で、家族がノイローゼになる。あるいは真面目なビジネスマンが、うつ病になる。

また真面目な主婦がアル中になる。不倫をして快楽に溺《おぼ》れて家庭を顧《かえり》みない。あるいは夫を殺したいほど憎む。

「真面目さ」がその内に抱える問題は、現在の日本の家庭崩壊の大きな原因のひとつである。少年から中高年を経て高齢者まで、「真面目な人」がさまざまな形で破滅に向かって歩いている。この本ではそうした真面目な人が起こす問題の本質を考え、私たちはそれをどう理解し、どう対処したらいいのかを考えた。

いずれにしても、この本では「良い子」の問題をはじめ、日本人の真面目さを考えたつもりであるが、十分ではないかもしれない。緊急の問題のような気がしたので、急いで書き下ろした。

そして、またこれは「良い子」自身が読んでも、「良い子」の親が読んでも、昔「良い子」で今はビジネスマンになっている人が読んでも、理解してもらえるように書いたつもりである。

加藤諦三

親が与えている愛　子どもが求めている愛　目次

第2章

本当は怖い子どもの心理

第3章 親の期待が重荷になる子 励みになる子

第4章

親子の気持ちは、どこですれ違ってしまったのか

第5章 挫折していく「いい子」たち

終章

こんな愛が子どもを幸せにする

カバーイラスト　蝦原由紀
ＤＴＰ　フジマックオフィス

第1章

親には見えない隠れた“こころ”に気づく

一見「いい子」の本当の気持ちを知る

なぜ「良い子」が挫折するのか、なぜ「真面目」な若者が凶悪な犯罪をおかすのか、なぜ「真面目」だった高校生が大学に来て無気力になるのか、なぜ「生真面目」なサラリーマンがうつ病になるのか、なぜがんばる人々が燃え尽きていくのか?

よく「良い子」が事件を起こすと、「なぜだ?」という疑問が世の中にわき上がる。「良い子」が大人になってよく問題を起こす。それは親に気に入ってもらうための、実際の自分を偽った「良い子」だったからである。そういう子は親を愛していないし、本当は親に冷たい。

問題を起こす「良い子」は、「良い子」という包装紙で包装されているだけである。中身が「良い子」というわけではない。ボディーは新しいが、エンジンは古いのが取り付けられているようなものである。

「良い子」という表現もおかしなものである。実体は、「良い子」は軽いノイローゼなのである。エンジンは消耗しているが、車体は高級車であるかのようである。

「良い子」は、別に心が「良い子」ではない。「良い子」の心を説明すれば、受け身で衝動的ということである。

受け身で衝動的と言えば、これがそのまま、社会的な大事件を起こす人々の心理的特徴ではないだろうか。受け身で衝動的な子を、親や周囲が「良い子」と感じているだけである。

つまり、自己主張がない受け身な子は親にとって都合がいいから、「良い子」と言っているだけである。

言葉の意味として、「良い子」と衝動的ということが矛盾していると感じるから、事件が起きると「なぜだ？」と驚く。

たしかに周囲の大人は、「良い子」の態度を見ているから従順で良い子に見える。しかし、その子の心が「良い子」というわけではない。心理的に言えば、「良い子」は非生産的な子どもである。フロムの言葉を使えば、「良い子」は非生産的な構えをしているのである。そして受け身である。

フロムは非生産的な構えとして四型あげている。そのなかのひとつが受け身の構えである。「良い子」は生産的に生きられなかった。そして自由を失っている。

人によってノイローゼの型の分け方は違うが、ある人は「衝動的で受け身」をノイローゼのひとつの型に入れている。そしてさらに「受け身で従順」はノイローゼの症状として顕著なものであるという(註1)。

「受け身」と「衝動的」というと矛盾しているようであるが、そうではない。ともに慎重さと計画性と意志がない。意志と慎重さの弱化は、責任の防衛的否認の核をつくるという(註2)。つまり、意志が弱い人は、責を逃れようとする。

計画性がないということ、目的がないということ、さらに意志もないということになれば人の言いなりである。

そして人の言いなりになることが、まさに自己執着の強い親にとって都合がいいということである。だから「良い子」なのである。

そして親にとって都合がいいことは、大人になれば、そのまま他人にとっても都合がいいことである。親を離れて生活を始めれば、「良い子」は今度は周囲の人にとって都合がいい人間となる。

リンゴがひとつしかない。自分が食べたいリンゴを、両親に好かれるために弟にあげる姉が、いわゆる「良い子」である。

自分は両親とお風呂に入りたい。でも、親に好かれるために弟とお風呂に入る。これが「良い子」である。

おまんじゅうをあげる子どもを、大人は「良い子」と言ってしまう。

なぜ、その子がおまんじゅうをあげたかを考えない。

幸せな人は、満足している。

満足して、おまんじゅうを人にあげる。

「良い子」は、満足していない。

おまんじゅうをあげたくないのに、好かれたくて、人にあげる。

大人は、子どもの動機を見ないで「良い子」と言ってしまう。

「良い子」のなかには、もうひとりの、その子がいる。

「良い人」のなかには、その人の意識的人格に統合されていないもうひとりの、その人がいる。

普通の人でも、ときに自分で自分に驚く。ある体験をして、「自分にこんなところがあるなんて」と驚く。「良い子」の場合は、表に見えている姿と、裏の心理状態がまったく違う。

「良い子」は心に問題を抱えつつ、周囲に適応した子と表現していい。「良い子」は、心のなかに矛盾を抱えている。

自己執着の強い親や周囲の人はそれが見えない。

がんばって努力しているように見えるのに…

喜びからがんばる子、不安からがんばる子

がんばって努力しているように見えるのは、「良い子」の心の内を見ていないからである。「良い子」のがんばりは、不安からのがんばりであり、不安からの忍耐である。「良い子」の我慢強さは、不安から出たものである。

本当の耐える力、困難と闘う力は、心理的成長の結果、生じてくるものである。忍耐力は父性欠如の家庭には育たないといわれるが、忍耐力は愛情のない家庭には育たない。

子どもが手にケガをした。

そこで母親が、「大変ね、痛いでしょ。でも強いのね」と子どもをほめてあげる。子どもは、痛いのを我慢したことを認められることで満足する。そこで本当の忍耐力が出てくる。なぜなら親が、心のなかで傷に耐えている自分を分かってくれたからである。そこで、困難に負けない自分になろうと思う。辛さに耐えた子どもは、がんばっている自分を親から認めてもらうだけでうれしい。

ケガをした痛みも、「こうして耐えている自分を、大好きなお母さんが慰めてくれる」と思うことで心は前向きになる。

逆に、ここが挫折に結びつく原因でもある。つまり、その子どもの気持ちに無関心な母親がいる。

子どもが粘土で小さな飴《あめ》をつくって、「はい、お母さん、これプレゼント」と母親にあげた。そのときに母親はどうするか。「あら、どうもありがとう」と簡単に言うだけですます母親もいる。なかには受け取るのがめんどうくさくて、うるさがる母親もいる。無視する母親もいる。

しかし、「わあ、おいしそう。うれしい、ありがとう」と言って、うれしそうな顔をする母親もいる。母親がそう言ったときに子どもはうれしくなる。この小さな粘土の飴でさえもこんなに喜んでくれる。だったらお母さんに、もっと喜ばれるプレゼントをしよう。それができるような自分になろう。そのためにがんばろうと思う。

この粘土でこんなに喜んでくれる。これは子どもにとっては励みである。こうして子どもは前向きな、努力する子に育っていく。本当の忍耐力がついてくる。

しかし、「良い子」を動かしているのは、喜びではなく不安である。「良い子」は、不安がなくなれば努力しなくなる。気力と見えていたのは、不安がそうさせていたにすぎない。

嫌われる不安から努力し、がんばって消耗すれば、燃え尽きるしかない。がんばっているように見えたときも、実態は無気力だったのである。

忍耐力は普通の子どもほどなかったし、気力も普通の子どもほどなかった。しかし、普通の子どもより不安だった。ただそれだけのことである。

がんばっているように見えたときも、挫折したときも内面の無気力は変わりない、その内面の無気力と不安と、どちらが強くその人を動かしていたかということである。

「良い子」は淋しいから、親を喜ばすことばかり考えてがんばっていたが、同時にもともと心は無気力であった。はじめから困難と闘う力はなかった。「良い子」は大きな困難に負けない忍耐力がない。

「良い子」の挫折前の特徴は、物事の実行を引き延ばすことである。それは今、現在を生きていることで精一杯だからである。

そこに何かもうひとつのことが起きると、それを処理するエネルギーはもうない。だから実行を引き延ばす。また、今、現在の自分を維持するのが精一杯だから、新しいことを起こすエネルギーなどはもうない。

でも「良い子」だから、がんばらなければいけないと思ってはいる。そこで何かをやろうとする意図を示すが、実行は引き延ばす。はじめの一歩を踏み出せない。

「自然な子」は、遊びたい、食べたいという欲求を持っている。「良い子」は支配服従に慣れているが、「自然な子」は子どもらしい欲望を持っている。

「自然な子」とは、親を恐れていない子どもである。親を好きな子どもである。「自然な子」とは、正面から親と向き合って、ちゃんと自分の意志を伝えることができる子どもである。好き嫌い等をきちんと他者に言える子どもである。イヤなことをイヤと言える子どもである。

「良い子」は、支配服従に慣れているから自分の心を伝えられない。だから外に出るのが怖い。それがひどくなれば、引きこもるしかない子どもも出てくるだろう。その上、彼らは、自分を守ってくれる人がいないと感じている。自分を防衛するものがない。そうなれば、引きこもるしかないと感じても不思議ではない。引きこもるのは、自分を何かで覆いたくなったのだろう。

「自然な子」は自然な感情を素直に出せる子どもである。後にも説明するが、「自然な子」は季節感がある。

「自然な子」が親を喜ばそうとするのは、親が好きだからである。「自然な子」は別に孤独ではない。そうしたいからそうしているだけである。

「良い子」が親を喜ばそうとするのは、嫌われることが怖いからである。ひとりぼっちが怖いからである。親を喜ばすのは「自分を」気に入ってもらうためである。親を喜ばすのは「自分を」守るためである。

〝本物の勇気〟を養うもの

「良い子」には本当の勇気がない。本当の勇気とは現実を認めることである。現実から逃げないということである。

おそらく小さいときに、悲しくて、悔しくて、泣くときがあっただろう。しかし、そこで母親からそっと抱いてもらうという体験が「良い子」にはないから勇気がないのである。

そんなときに母親にそっと抱いてもらえると、どうなるか。子どもは「こんなことで負けるものか」と思い、そこで勇気や忍耐力を養う。その熱い思いが、後の勇気や忍耐力を養成することになる。

しかし泣くことを「男のくせに」と叱られたりすると、大人になったときに真に耐える力が萎《な》えている。

「良い子」には自然の成長がなかった。無理に「良い子」にさせられた。だから目的もなく、ただ立派な人を演じようとする。

まるで火事のときに「勇気がある」と称《たた》えられたくて、無闇に火のなかに入っていくような行為を演じるのである。真に勇気のある行為とは、なかに助ける人がいて、その助けるという目的のために火のなかに入っていくことである。

「良い子」が真の勇気も忍耐力もないのは、人生に自分の目的がないからである。人生に自分の目的がないのに「元気なことは良いこと」ということで、無理に元気にしているのが「良い子」である。

心理的に健康な大人は、自分の目的があって気分がいいから元気なのである。

次の文は、アメリカの成功哲学を広めた作家マーデンのものである。

「ダーウィンも強い意志の持ち主だった。彼は長年にわたって健康を害し、常に肉体的苦痛に苦しんでいたが、彼は驚くほど忍耐強かった。妻以外の者は誰も、彼の苦しみに気づかなかった。『四十年間、一日として父が健康だった日はありませんでした』と彼の息子は言っている。だが、彼は四十年間、非常に強靱《きょうじん》な精神力と、頑健な肉体を持った人でも恐れをなしたと思われる仕事を粘り強くやり抜いた。彼にはひとつのことに専念する根気強さがあった。それについて、負けるのは弱さのしるしのようで耐えられないと言っていた。彼の好きな言葉のひとつに『事の成否はがんばりひとつ』というのがある。彼のすばらしいがんばり、忍耐力、慣重さを示すエピソードのひとつに、彼が『種の起原』の資料を集めるのに二十年、『人間の由来』では三十年近くの歳月を要したという事実がある。」

ダーウィンは四十年間楽しかったのである。『種の起原』の資料を集めるのが楽しかったのである。だから、がんばれたのである。

彼が「良い子」だったら、ここまでがんばる前に燃え尽き症候群になって挫折していたろう。自分の人生に目的を持ち、好きなことをしたときには、人間はここまで忍耐強くなる。

こういう人が本物である。「良い子」は偽物《にせもの》である。

仕事熱心で、真面目に見えるのに…

親に愛されるための〝無理〟

「良い子」の真面目さは、もともと人から好意をもってもらうための真面目さである。それは好かれたいための真面目さである。では、なぜそんなに好かれたいか？　それは「良い子」は孤独で淋しいから。

孤独な「良い子」は拒否されることで、心理的安全を脅かされる。そこで「良い子」は拒否されないために無理をして勉強する。愛されるために無理をして仕事をする。

「良い子」は孤独である。それがすべての出発点である。大人になればなったで、孤独から自分を守るために仕事熱心なビジネスマンになる。

勤勉だったら愛してもらえると思うから、「良い子」は勤勉になる。しかし、勤勉な子どもでないと愛されないと思ったら、その子どもはかわいそうである。そのかわいそうな子どもが「良い子」である。

子どものハードワークが親の心を慰める。だから親は、子どものハードワークが好きなのである。こうした親は子どもを愛する能力がない。

子どもの成績が良ければ親はほめる。しかしそれだけでは子どもは心理的に成長しない。成績が良いことをほめていいが、いやほめた方がいいが、それが望ましいのは子どもを好きであることが前提である。ほめることは、子どもを好きということではない。

親が子どもにこうあってほしいと願っているだけでは、子どもは本当の意味で発奮しない。親が子どもを好きでない場合には、ほめても子どもは恐怖から努力し、燃え尽き、やがては劣等感に悩むようになる。

子どもを野原にたとえてみよう。たとえば「この野原に油田が出る」と思う。だから「この野原が好き」と言うのではダメだということである。つまり、油が出るから好きというのは、自分の利害にかなうから好きということである。トクするから好きということである。自分に利益をもたらしてくれるから好きということである。

この野原は臭いと皆に言われても好きと言う人もいる。そのときに野原が本当に好きということである。そしてそのときに野原は燃える。つまり子どもは本当に燃える。子どもは本当に自分は愛されていると感じて発奮する。

「良い子」は好かれたい、愛されたい、ほめられたいから自分の本性を裏切る。ゾウにはハチドリの羽がはえていない。カシの木に突然ザクロは生《な》らない(註3)。

それなのに「良い子」は、自分でない自分で生きようとしている。「良い子」は本当はゾウなのに、ハチドリのような真似をして生きている。そうなれば生きている実感はない。

したがって、「良い子」は家という感覚がなくて家にいる。親という感覚がなくて親と接している。カステラという感覚がなくてカステラを食べている。友だちという感覚がなくて友だちとつきあっている。「良い子」は透明人間のようなものである。友だちであれ、誰であれ、人とのつきあいに心がないということである。先輩という感覚がなくて先輩とつきあっている。その先輩という立場に来る人には、誰でも同じような感情を持つ。誰それという固有の人間としての「その先輩」がいるのではなく、「先輩」がいるのである。

「良い子」は、相手を喜ばせることで相手からの好意を期待する。恋人を喜ばせようとして自分の感情を偽る。相手を喜ばせようとして緊張する。それは喜ばせようとする動機が「相手からほめられたい、素晴らしい人と思ってもらいたい、好かれたい」ということだからである。

「良い子」は相手を喜ばせないと見捨てられると思っている、好意を得られないと思っている、軽蔑されると思っている。実際はそんなことはない。

心理的に健康な恋人は、相手にそんなことを要求してはいない。しかし淋しくて、見捨てられる恐怖のある人は、喜ばせないと見捨てられると間違って確信し、不安になっている。

それが不思議なくらい問題のない子、素直な良い子、驚くほど問題のない子である。「良い子」が表面は立派であるにもかかわらず挫折するのは、望ましい行動の背後にある真の動機に問題があるからである。そして、その動機は隠されている。

淋しいから、親の愛を求めて、親を喜ばそうと家の手伝いをする。遊びたい気持ちを抑えてお使いに行く。イヤだけれども、うれしそうに草むしりをする。

本当は友だちと遊びたいのに、その気持ちを抑えて家にいる。そして勉強をする。本当は音楽が好きなのに、スポーツが好きなふりをして、スポーツをする。

そして「良い子」は、このように自分を裏切り続けるから、結果として相手に対して憎しみを持つ。そしてこの憎しみは、意識されることなく無意識へと追いやられることもあるし、意識されることもある。しかし、いずれにしろなんとなく他人といると、不快感が出てくる。

「良い子」は利己的な子、悪い子と思われることを恐れて、怒りを抑える。そう思われたら、自分は拒否されると思うからである。拒否されてひとりぼっちになるのが怖い。

「良い子」は自分をはっきりと主張できない子である。従順な子どもというのは、素直な子の場合もあれば、恐怖でノイローゼになっている子の場合もある。「良い子」の従順さは後者である。

心の中で矛盾を起こす二感情

「良い子」は嫌われてひとりになるのが怖くて、他人の不当な取り扱いに対して抗議できない。逆に、ご機嫌をとっていると、自分では気づかなくても自分のなかに怒りがたまってくる。

孤独な人は、他人の身勝手な行為に迷惑をこうむりながらも悪く思われるのが怖くて、逆にお世辞などを言ってしまうことがある。そのように自分を蔑《さげす》むようなことをしているうちに、知らず知らずのうちに怒りが心のなかにたまる。

「良い子」は怒りを感じながらも、もうひとつカレン・ホルナイが言うところの「生命的重要性」として「人から受け入れられる」必要がある。そこで怒りを表現できない。

この二つが衝突すれば、怒りは、はじめは抑圧される。他人に軽く扱われて不愉快に思いながらも、その人との関係が壊れるのを恐れて、その不愉快な気持ちから目を背《そむ》ける。だから、無理なことを頼まれても断れない。また「良い子」は劣等感が強いから頼まれること自体がうれしい。

つまり「良い子」は、普通の人よりも怒りを感じながら、普通の人より怒りを表現できない。その結果が抑うつ傾向である。だからこそ、うつ病の人は怒りを心の底に抑圧している。澱《おり》のように怒りが心の底にたまってしまったのである。

愛されたい気持ちと憎しみという矛盾する二つの種類の感情が「良い子」の心のなかで激突し続ける。その行きづまりが自殺であり、ノイローゼであり、うつ病であり、家庭内暴力である。

あるいは夫の、妻への暴力である。怒りが殺害行為になって表現されることもある。それらは「良い子」が、その矛盾をもうどうにも処理ができなくなってしまった姿である。

火事は、はじめの五分が大切である。心の病もはじめの五分が大切なのである。神経症的になってからだと、何でもない普通の経験が神経症的傾向を促進してしまう。彼らは悪循環に陥ってしまっているのである。

神経症的になると、普通の人より要求が強くなる。ひとりよがりの勝手な要求を、当然の要求と感じるようになってしまう。周囲から公平に扱われても、不公平と感じるようになってしまう。

そうなると、普通の人より怒りを経験することがはるかに多くなる。しかし、すべての人から好かれたいというような非現実的な願望もある。そこで怒りは抑圧される。怒りを抑圧することで、より不安になる。そして、より怒りを感じる機会が増える。こうして悪循環に陥る。

心の病を解決するためには、どこかでこの悪循環を断ち切らなければならない。そのためには、自分の周囲にいる優しい人に気づくことである。つまり、ありのままの自分を受け入れてくれる人を探すことである。探すというよりも、自分の周りにそういう人がいるということに気づくことである。

「良い子」のあなたは、誰が優しい人か分かっていない。今、あなたが「良い子」であるなら、親に優しさを期待しても無理である。

気をひくための真面目さ

ところで、真面目であることが、社会的に望ましいとされているから複雑になる。たとえば、ずるい人は真面目ではなく、哀れみを訴えることで人の気を引こうとする。

また別のある人は、自分の無力さを誇示《こじ》して人の注目を集めようとする。そうしたことをしている人も、心のなかで「私を愛して」と叫んでいる。

哀れみを訴える人を見れば、誰でも「これはイヤな人だ」と思う。「良い人」とは思わない。この種の人が何らかの挫折をしても人は「なぜ？」と驚かない。しかし真面目さも哀れみも、ともに人の気を引くための手段であるということには変わりがない。

ここで哀れみを訴えることで、人の好意を得ようとしている女性を実例で考えてみよう。あなたは次のような女性をどう思うだろうか。

夫に愛人ができて離婚された奥さんである。自己憐憫《れんびん》に陥っている。

愛人の話をした後、彼女は続けて「私は慰謝料を一銭ももらわなかったんです」とつけくわえる。

彼女は「私は慰謝料というものを一銭ももらわなかった」と、何回も言うことで、自分がいかに無欲で理想的な人間であるかを強調する。彼女は他人に向かって自分の哀れさを訴え続けているのである。

「別れるときにはきちんと慰謝料をもらいなさい」と私が言うと、「私は財産は欲しくないけど、将来不安なんですね。いろんなことに疲れましてね」と言う。

自分は控え目で理想的な女性であると主張しながらも、哀れさを誇張《こちょう》することは忘れない。「私は身寄りがないですから、そのまま裸で出ていってても行くところがなかったんです。なので住み込みで働いています」と心細そうな声を出す。

彼女は皆の同情を求めて、自分の哀れさを延々と言う。かわいい子どもも置いてきた。そこで彼女は子どもに会いに行った。子どもと新しい母とはうまくいっている。子どもは新しいお母さんになついていた。その場で泣きの涙で帰ってきた。

「いいお母さんなんです。子どもの幸せを考えると良かったのかなと思います。私、内心喜んでいるんです。私は今さら帰れないですし。自分の立場ってものをよく分かっていますし……」

彼女は自分のことを口にしすぎる。それは、アメリカの精神科医ジョージ・ウェインバーグによると、自己憐憫に陥っている証拠である。彼女はいつまでも自分の哀れさを言うだけで、これから自分がどうしようかということを言わない。

この女性のように、哀れさを訴えていれば何とかなると思う人もいれば、真面目でありさえすれば何とかなると思う人もいる。こういう人たちは、そうしていれば誰かが自分を愛し保護してくれると思っている。両者とも受け身である。自分の力で、この人生を切り開いていこうとする意欲に欠ける。

うつ病になるような真面目サラリーマンは、自分は真面目でなければ他人の気を引けないと思っている。それは人から好意を得るための真面目さである。

同じようにこの女性も、自分は哀れみを訴えなければ他人の気を引けないと思っている。自分を信じている人は、まず他人の気を引く必要を感じていない。

つまり問題は、「良い子」の真面目さは、何のための真面目さかということである。挫折する人の真面目さは、自分の人生の目的を達成するための真面目さではない。

彼らは真面目であることで愛を求めているのである。真面目にしているとき、彼らは心のなかで、「私を愛して」と叫んでいる。この点についてだけ言えば、哀れみを訴える女性と同じである。

挫折する真面目なビジネスマンも、会社から保護してもらうための真面目さであることが多い。

そこで日本のビジネスマンは真面目であるが、会社に不満なのである。会社から保護してもらうために真面目にしているのに、期待した保護が得られない。そこで会社に不満になる。

それが進んで、会社に神経症的愛情要求をするまでになるビジネスマンもいる。つまり、こんなに働いているのだから、会社は私をもっと優遇すべきである、と思うことである。

もちろん仕事熱心、真面目さの動機は、人の好意を求めること、人から好かれること、人の保護を求めることなどばかりではない。そうした動機のほかにも、まだ動機はある。

彼らは心の底のまたその奥底で、自分が愛されるに値《あたい》しない人間であると感じている。つまり、自分が孤独なのは、自分が愛されるに値しない人間だからだと思っている。

だからこそ、愛されるためには仕事を熱心にする必要がある。それはいわば、憂うつな熱心さである。自分は愛されるに値しない人間だという感情を味わうことを避けるための熱心さである。自分が無力な人間であるという感情を避けるために、仕事熱心で真面目に振る舞う。

世間の評価を気にして、真面目に振る舞っているビジネスマンもいる。あるいは、見栄を張っているビジネスマンもいる。そうしたビジネスマンは、世間の物笑いにならないように真面目に仕事をする。彼らにとって生真面目に仕事をすることが安全なのである。

そのような不安から自分を守るために生真面目になる。ここに逃避のメカニズムとしての仕事熱心さが生じてくる。この仕事熱心さは、仕事が好きで仕事熱心な人とは違う。

“弱さ”で愛されようとする人

相手に愛されよう、好かれよう、保護されよう、同情されようとするときに、真面目になる人ばかりではない。なかには自分の弱さを誇示して愛されよう、好かれようとする人もいる。

ある女性の例である。彼女が使う手段は体が弱いことである。彼女はコンパニオンをしていて、知り合った男性と関係した。お互いに家庭がある。彼女の方は夫がイヤになって家を飛び出し、別居の後に離婚した。

彼女は「私は体が丈夫でない」ということをしきりに強調する。彼女は体が弱いということを、まるで自分のお守りのようにしている。「私は体が丈夫でない」と言えば、周囲の人は自分に同情し、自分を特別扱いしてくれると信じている。

「私は働けないし、貯金があるわけではないし」と惨《みじ》めさを強調する。そこで離婚後のアパートの家賃は恋人が払っている。彼女は体の弱さをはじめ、自分の不幸を強調すれば、社会的責任を逃れることができるということを若いころに学んでしまったのであろう。

彼女はむしろ「体が丈夫になることの恐怖」を持っている。「私は体が弱いのに夜の仕事をして、我慢して家を建てて、前の夫は暴力を振るうので怖いんです。そんなときにたまたま優しい人が出てきてこういう関係になって、それなのにまた……」と哀れみを誘う調子で言葉を続ける。彼女は体が弱いと嘆きながらも心の底では、体が弱いことで自分を保護してもらおうとしているのである。

オーストリアの精神科医ベラン・ウルフは、神経症的な行動の基本的な仕組みのひとつとして現実逃避をあげる。彼らは大人より安全で人任せで良かった子ども時代の条件をもう一度つくりだそうとする。

彼女は現実の困難と闘うよりも、体が弱いということを利用して、無責任であることが許された子ども時代の世界をつくろうとしているのである。具体的に求めている世界は、労働逃避の世界である。働かなくてもいいという口実が欲しいのである。

ところが、相手の男性もさすがに彼女の同情を求める手口に嫌気がさして逃げ出そうとし始めた。

「一切向こうから連絡がなくなったんですよ」とその男性を非難する。そこで彼女はいよいよ自分を悲劇の主人公に仕立てあげる。

自分の人生がどんどん辛くなっていくのは、自分が人生の課題の解決を回避したからである。しかし、体が弱いと悩んでいる彼女は、自分の人生がどんどん辛くなっていくのは自分が人生の課題の解決を回避したからだとは認めない。

自分の人生がいよいよ大変なことになっていくのは、自分が体が弱いからだと考える。体が弱いと悩んでいる彼女が、避けて通れないものを避けて通ろうとするから、いよいよ生きることが辛くなるのである。

そして最後に極めつきの言葉が出る。

「いつも私だけが犠牲になる」

「自分がない」という共通点

ところで、このような女性の話をすれば、多くの人はつきあいたくないと思う。しかし真面目であることで人の気を引こうとする人と、この女性とどこが違うのだろう。

もちろん真面目である人にはずるさがないが、この女性にはずるさがある。真面目な人はするべきことをして、好かれようとしているが、この女性はするべきことをしないで、好かれようとしている。この女性は人を利用しようとしているが、真面目な「良い子」は人から利用される。

違いはいくらでもある。でも両者ともに自分の力で自分を守って生きようとはしていない。どこかで人からの保護を求めている。そして両者ともに人に迎合している。

この女性と真面目なビジネスマンとは、保護を求める手段が違っているだけである。真面目さも「自分を守る手段」だし、無力さも「自分を守る手段」である。

日本のビジネスマンは真面目に働いている。しかしそれは、誰のための真面目さか？　それは自分が他人から愛され、容認され、保護してもらうための真面目さである。

それは会社を守るための真面目さではない。家族を守るための真面目さではない。友だちを守るための真面目さではない。いわんや正義を守るための真面目さではない。それはあくまでも、自分を守るための真面目さである。自分が真面目であれば、皆が自分を受け入れてくれると思っている。

それは、愛と保護を求めて周囲に迎合している真面目さである。真面目に働いているかぎり、会社の好意をあてにできると彼らは思っている。そうして迎合ばかりしているから、日本のビジネスマンは権威主義的性格になるのである。

「私は真面目に働いてきた」と言うことは、「私は体が丈夫でない」と言うことと同じことなのである。

この女性と日本の真面目なビジネスマンとがまったく同じとは言わないが、両者ともに自分がない。他者への愛がない。思いやりがない。だから両方とも最後には何らかの形で社会的に挫折する。

誰のための努力か気づくだけでいい

生きることに苦しんでいる「良い子」は、真面目なのだけれども、いつも自分だけしか見ていない。実は自分に対して真面目なだけである。相手はその人に別に真面目さを求めているのではないかもしれないということには気がつかない。

真面目である人と心優しい人とは違うということにも気がついていない。自分の側から他人の現実に関心を示さない。

簡単に言えば、自己中心的なのである。他人の立場に立って自分を見られない。他人から見ると、今、自分のしていることがどのように映るかを考えられない。

自分だけいい子になろうとしている。人に対して誠意がない。「良い子」はそれを理解できなくて周囲の人に不満を持つ。そこで真面目な自分を受け入れてもらえないと「私はこんなに真面目なのに」と不満を持つ。そこが自己中心的なのである。

周囲の人には、「あの人は真面目だけれども思いやりがない。努力しているが、自分勝手な人だ」と映っていることもある。ところが真面目な「良い子」は、このときを自分が生きるのに精一杯なのである。

しかし、「精一杯、がんばっているのは誰のためか」と考えれば、自分が好かれるためなのである。自分が認められるためなのである。自分が愛されるためなのである。

つまり、自分を守るためなのである。相手の幸せのために、精一杯がんばっているのではない。

しかしそれでは、「自分のためか？」と聞かれても「そうだ！」と言いきれない。それは人から好かれるために何かをしているのであって、自分の好きなことをしているわけではないからである。「良い子」はそれくらい、今、自分が何を求めているのか分からなくなっている。

「良い子」にとって大事なことは、今、自分は何をしたいか分かるようになることであり、自分がすることを自分で決められる人間になることである。好かれるために無理をしないことである。そして何よりも、それらの根本にあるのは、自分の孤独感だということを理解することである。

「良い子」は、生きるのがこんなに苦しいのは、状況や環境のためではなく、淋しさから人に好かれることばかり考えて、自分を見失っているからだと気づくことである。

「良い子」は、人に好かれるために無理をしすぎた。ビジネスマンが、自分の能力をオーバーするような仕事を引き受けて、燃え尽きるみたいなものである。

「私は真面目に生きてきた。私は必死になって努力してきた。それなのに、いいことは何もなかった。ただただ辛いだけだった」ということになってしまうのは、自分を見失っているからである。

「良い子」は、確かに必死になって努力してきた。しかし、一体「誰のために」努力してきたのか。もう一度、真剣に考えることである。決して人の幸せのためではない。

「いい人」は、忙しいのに無理して人と会うというときがある。しかし、もし断ったら嫌われると思って、その人に会うというのなら、それは相手への思いやりから会うというのではない。それは嫌われるのが怖いというだけの話でしかない。自分を守るためである。幸せの敵はこのように自分を守ることである。

「良い子」が自分を守るとは、どういうことか。それは、その場その場をうまくごまかしながら、生きてきたということである。他人に対する誠意はなかった。

たとえば、マラソンの速い「良い子」がいたとする。その子は、自分が一緒に遊んでいる子が倒れても、それを知らせに走っていかない。自分がほめられるためには走るが、人を助けるためには走らない。

それは愛がないからである。仲間を思いやる気持ちがないからである。心がないからである。

複雑になるのは、自分がほめられるために走っているのに、それが人を助けるために走ったのと同じ結果になるときである。周囲の人は、「良い子」の走る動機を見ないで、走っている姿を見て「感心な子」と見てしまう。そして、事件が起きたときに「なぜ？」と言う。

「良い子」の、そうした誠意のないつきあいの積み重ねがいつか不運となって現れる。「良い子」には、困ったときに助けてくれる人がいない。燃え尽きても、周囲の人は同情して助けてくれない。

心を忘れた「良い子」は運が悪いのだが、なぜ運が悪いのだか本人には分からない。それは徳を積んでいないから、運が回ってこないためである。「良い子」は、人を信じていないから自分を守る。淋しいから自分を守る。

明るく元気そうに見えるのに…

明るい子ほど実は淋しがり屋

「良い子」は明るく元気そうに見えるが、実際は淋しい。

「良い子」は心は泣いているが、表面はいつも元気である。本人は、自分の気持ちが本当は落ち込んでいながら、元気そうにしていることに自分でも気がついていないときさえある。

不安から適応した子どもは、親の関心を引くために、両親の要求にかなう行動をするから元気そうに見えるときもあるが、いつも自信がない。「はい、はい」と答えながら、ひとりになると落ち込むことも多い。

「良い子」の怒りは多くの場合、外へ向かないで内へ向くから、どうしても本当の元気がなくなる。

防衛的性格としての明るい性格の人は、正面から見ると、とても明朗である。しかし、後ろ姿がものすごく淋しい。後ろから見るのと、正面から見るのとこれほど違うのかとその違いに驚く。見る人が見ると、それが分かる。そしてその淋しい後ろ姿が、その人の本当の姿なのである。その人の心の底を表現しているのは、その淋しい後ろ姿なのである。

過剰適応した子どもは、淋しいのである。そして自分では、淋しいということに気がついていない。「良い子」は、ひとりで生きていけないから、関心を引くための明るさを誇示する。

自分がある人は、他人の関心を引く必要がない。人は淋しいからこそ、依存的だからこそ、周囲の関心を引く必要がある。自立してくると、ことさら他人の関心など引かなくても、楽しくときを過ごせる。

「良い子」の明るさは、不安の防衛的性格である。「良い子」は、自分が何を求めているかが分からない。何よりも愛を知らない。

愛とは不安のないことである。こうしなければ、好かれないかもしれないと不安なときには、その子は愛されていない。

愛を知っている子と知らない子の違い

「躁《そう》的防衛」という言葉がある。やけに元気そうにすることで、淋しさを他人にも自分にもごまかしている人を指す。

「良い子」の表面的な陽気さは、淋しさと怒りを隠すための躁的防衛である。淋しい「良い子」は、陽気な仮面をつけるときがある。もともと根暗なのに、明るそうにする人もいる。

そういう人は、ひとりで歩いているときには、けだるく歩いている。人前でのニコニコとはまったく違う顔を見せている。ひとりのときには、その人の異常な私生活が表に出る。

たとえばスイカの種を、有名ホテルの食堂の磨かれた床にでも「プッ」と出したりする。あるいは飴をなめながら電話をかけたりする。食べ方もきちんとしていない。

父親は床《とこ》の間《ま》の前に座るというような日常生活の秩序がない。

要するに生活学習ができていない。

客間はキレイだけれども、台所のふきんは汚いような家の人である。ぞうきんとふきんとの区別もきちんとしていないような家である。

上の服装は良いが、下着が汚れているような人である。

そしてこういう人は、仲間うちでことが起きたときには頼りにならない。いつも明るい人が、ことが起きたときには逃げる。ニコニコしていれば明るい性格と思うのは、間違いである。

困った人を助ける人は、そうした防衛的な意味での明るい性格の人ではない。

愛を知っている子どもは、毎日の生活でいろいろなことに気がつく。不安がないから気がつくことはいっぱいある。

「床がきれいだ」から、「お花がしおれている」までいろいろと気がつく。今日はお母さんの体調が良いか悪いかまで、周囲の人のことにいろいろと気がつく。

愛のない生活をしている「良い子」は、毎日繁華街の雑踏のなかで生活しているようなものである。

周囲の人のことには何も気がつかない。雑踏のなかで誰とすれ違っても、その人の何かに気がつくことはない。

おそらく雑踏のなかで倒れても、誰も助けてくれないだろう。ホームレスが倒れても、誰も助けてくれない。

体は家のなかにいても、心はそんな無関心の町の雑踏のなかで生きているのが、愛を知らない「良い子」である。

雑踏のなかのファミレスでたくさんの人と同時に食事をしていても、誰かと一緒に食事をしていることにはならない。「良い子」は、いつもそんな食事を家でしているのである。

親切そうに見えるのに…

「いい顔」をしながら心に抱いている不満

「良い子」は親切そうな人に見えるが、実際はその人といることをイヤがっている。

「良い子」は、いつも無理をして親切をしている。今していることが、五日後にどういう結果をもたらすかを考えないで、行動してしまう。今、相手に「ハイ」と言ってしまうことが、一カ月後にどのくらい大きな負担になるかを考えないで「ハイ」と言ってしまう。今、相手にいい顔をすることで、二年後にどのくらい消耗《しょうもう》するかを考えないでいい顔をしてしまう。

だからいつも、その負担で相手とのつきあいがイヤになるのである。

また「良い子」は、相手を見ていないから、自分が今、「ハイ」と言うことが相手にとってどれだけメリットがあるかを考えないで、「ハイ」と言ってしまう。

相手は軽い気持ちで頼んでいるのかもしれない。断っても相手は何も感じないかもしれない。それなのに「ハイ」と言って、重い負担を背負ってしまう。相手はそれほど必死で頼んでいるわけでもない。試しに聞いてみようかくらいにしか考えていないかもしれない。

だから「良い子」が背負いきれないような重い負担を背負って、その人のためにがんばっても、その人はそれほどありがたいとは思わないことも多い。そこでその人は、頼みごとをやってもらっても、それほど「良い子」に感謝をしない。

だから親切そうに見えても、実は相手に不満なのである。期待した感謝の気持ちが得られないからである。

それは「良い子」が、そのときにそれだけいい顔をしたいということでもある。それが「良い子」の淋しさであり、劣等感であり、自己不在でもある。とにかく「良い子」は、本当の意味で自分を守れない。必死で自分を守っているのだが、長い眼《め》で見ると最後には破滅する。

誰でもいい顔はしたい。しかし〝自分〟のある人は、自分の力を考えていい顔をしたり、しなかったりする。〝自分〟のある人は、「いい顔」がどういう結果をもたらすかを考えて、いい顔をする。

しかし自分のない「良い子」は、後先《あとさき》を考えないで、その場で無理をしていい顔をするからいつか挫折するしかない。今しか考えないから、無理が重なり自分の能力をオーバーして挫折する。

「良い子」は、一年草の花みたいなものである。今年はきれいに咲くが来年は咲かない。杉の木や桐の木ではない。十年後に大きくなって、日陰をつくり人々に安らぎの場所を与える木のような人物ではない。

子どもを最後まで大きく伸ばす心

ところで私たちは、自分があるとか自分がないとかよく言うが、「自分がある」ということはどういうことかをここで考えてみよう。

花屋さんの前で、
今日は一本でいいかしら、と言った。
それが自分があるということ。
無理してたくさん買わない。

「いい人」を演じている人は
「すごい」と言われたい。
そこで「一本ください」と言えない。
「お花、三百本ください」と言ってしまう。
その後で、その金を払うためにエネルギーを消耗してしまう。

一本の花を買う力強さ、
それが自分があるということ。

「良い子」は無理をして、「お花、三百本ください」と言ってしまうので、その後お金の工面で消耗してしまう。「良い子」はここで「お花、三百本ください」と言ったら、十日後に自分がお金の工面でどのくらい苦労するかを考えないで、その場でいい顔をしてしまう。

「良い子」は今日も無理をした。明日も無理をする。明後日も無理をする。そして燃え尽きる。「良い子」はサラ金からお金を借りて、贅沢《ぜいたく》な生活をしているようなものなのである。

「良い子」の親は、子どもの不安を利用して子育てをしている。しかし子どもの不安を利用した子育ては、最後には失敗する。それがいわゆる「良い子」の挫折である。

「わが子が生きていて良かった！」と思える心、

それが、子どもを伸ばす。

「成績が良かった」という喜びでは、子どもの伸びは一時的。

子どもが味わう達成感、満足感が、

子どもを最後まで大きく伸ばす。

素直にハイと言うが…

親にNOと言えない子

「良い子」は、従順でストレスが強い。

相手が好きで相手に従順になっているときには、迎合ではない。しかし相手が嫌いなのに、従順になっているときには迎合である。あるいは、相手が怖くて従順になっているときには迎合である。「良い子」が従順なのはもちろん迎合である。

「良い子」が疲れてよく病気をするのは、この迎合からくるストレスのためである。

人は迎合すると自分を頼りなく感じるようになる、とカレン・ホルナイは言う。

人は、自分が頼りないから迎合するのであるが、迎合するから、いよいよ自分を頼りなく感じてくる。フロムも、いよいよ他人に頼らなければならなくなると述べている。(註4) つまり人は無理に迎合すると、より頼りなく、よりストレスに弱い人間になっていく。

自分を頼りなく感じるとは、自分が何か空中にフワフワ浮いているような頼りなさである。風に流されて飛んでいる風船みたいなものである。自分で自分をコントロールできない感覚である。

もともと、このように自分が頼りないから人に迎合する。しかし、迎合することでストレスに弱い人間になり、さらにもっと迎合する人間になってくる。結果として、心理的にも病まざるを得ない。

ストレスが積み重なっても、発散する方法も分からないで、我慢するだけ、耐えるだけで最後には無気力になり、燃え尽きる。もっとひどければ、うつ病にもなる。あるいは別のタイプの人間は、外に向かってストレスを発散し、反社会的な行動をする。反社会的な行動までいかなくても、普通の子は親に反抗する。

「良い子」が「ハイ」と言うときに、普通の子は「でも……」と言う。

子どもが「でも……」と言ったときは、自信のないとき、心が不満足なとき、自分の行動に責任を持たないときである。ところが「良い子」は、心が不満足なときでも「でも……」と言わない。

しかし自信はないし、不満でもある。でも反抗もできない。こうして「良い子は袋小路に追い込まれていく。

「良い子」は本当は、母親と図書館に行きたくない。行っても楽しくない。しかし母親にほめられたい。だからイヤでも、「母親と一緒に図書館に行くのは楽しい」と言う。

そして「良い子」は、実際の自分が表れることをいつも恐れている。母親が嫌いだと母親に知られては困る。したがっていつも緊張している。「良い子」は、自分を隠すことにエネルギーを使っている。

もっと完璧な「良い子」になれば、母親と一緒に図書館に行くのを「楽しいと意識する」。完璧な「良い子」は、母親と一緒に図書館に行くのがイヤだという感情を自分の意識から排除する。

これもまた、莫大なエネルギーを消費することである。そこで疲れる。だから「良い子」はいつも疲れている。もともとストレスに弱い「良い子」は、生きていくのに普通以上にエネルギーを必要とする。だから、「良い子」は疲れやすい。

我慢強い子ほどストレスは長い

先にカレン・ホルナイの言う、不安からの防衛のひとつの型である従順は、その人を心理的に頼りなくさせると書いた。そしてこの従順は、同時にストレスを生み出すに違いない。

先日、テレビを見ていたら、ウサギの実験が出てきた。ウサギを仰向《あおむ》けに寝かせる。ウサギは仰向けに寝ることをイヤがる。人間と違って大変なストレスになるらしい。仰向けに寝かせて動けないようにする。

そこでウサギの口の前に棒を出す。攻撃的なウサギは、その棒にかみつき続ける。しかし、もう一羽のウサギはただじっと耐える。するとどうなるか。その実験が終わった後、攻撃的で棒にかみつき続けたウサギのストレスは減少していく。じっと耐えたウサギのストレスは、実験が終わっても続く。

人間で言えば、じっと我慢する「良い子」の方が、ストレスが激しく長く続くということであろう。

会社でひとりよがりな上司にじっと我慢する「従順な部下」の方が、言いたいことを言う上司よりストレスに苦しむということである。あるいは、部下にじっと我慢する「弱い上司」の方が身勝手な部下よりもストレスは激しいということである。

おとなしくて従順な「良い子」は、身勝手な子よりストレスが激しいということになろう。我慢する上司は、上司とは名ばかりで、実は心は敵陣にいる斥候《せっこう》のようなものである。

言いたいことも言えず、自己主張ができず、いつもわがままな相手に譲ってばかりいる「良い子」たちのストレスはすごい。「良い子」のような自己消滅型の人間のストレスはすごい。

自己拡張型神経症者と相対したときに、自己消滅型の人は最大のストレスに苦しむ。自己拡張型神経症者はひとりよがりで、「自分が悪いかもしれない」という反省はまったくなく、すべて他人に責任を押しつけ、自分は神様になっている。自己拡張型は攻撃的な子であり、自己消滅型は「良い子」であることはもちろんである。

自己消滅型の人は、自分の責任ではないことまで自分の責任と感じ、反省過剰で、本来そのことについての責任のある人をかばう。さらに、人を傷つけることを極度に恐れる。

ただ、ひとりよがりであることだけは、攻撃型神経症者と同じである。ともにひとりよがりであるが、一方は他罰的、他方は自罰的である。ストレスは自罰型の方が、はるかに激しい。

そして、この自己消滅型の「良い子」は、自分を変えないかぎり、いつも自己拡張型の人間とくっつくことになる。耐える一方の自己消滅型の「良い子」は、わがまま一方の自己拡張型の人を自分の周囲に呼び寄せてしまう。

自分が〝ボコ〟であるかぎり、自分の周囲には必ず〝デコ〟がくる。デコとボコで対《つい》になっているのである。そして役割分担ができてくる。

それは会社でも、家庭でも、学校でも、どこでも同じである。公私ともにデコはデコの役割をしてしまう。そのデコの役割は、その人の心理的立場なのである。

ストレスに苦しんで早く死ぬのがイヤなら、自分の形を変えるしかない。つまり自分の心理的立場を変えるしかない。「良い子」をやめるしかない。

ストレスは、自分ではこうしなければいけないと知りつつ、そうできないときに感じるものである。

たとえば、井戸の底に落ちてしまった。底からはい上がらなければいけないと知りつつ、出ていけないというときに感じるものである。そこにヘビが出てきた。そうした環境がストレスであろう。

自分はもっと自分を主張しなければいけないと知っている。

しかし、どうしても自分を主張できない。そうしたときにも心のなかで緊張する。葛藤する。ストレスを感じる。

第2章

本当は怖い子どもの心理

〝好きなこと〟がない

自分の好きなことが見つかる〝ふれあい方〟

「良い子」はたしかに、してはいけないことをしない。しかし、「これをしたい」ということがない。

つまり「良い子」はいくつになっても自分がない。自分がなければ、好きなことは考えられない。

「良い子」はどう生きたらいいか分からない。「良い子」は、自分が誰を好きなのかも分かっていない。

とにかく「良い子」の最大の問題は、自分の好きなことがないということである。

本気で「これがしたい」ということがないことである。好きなことが見つかれば、それにエネルギーを向けることができる。しかし好きなことが見つからない。

そして「良い子」は、好きなことをしていないから、さまざまな不必要なトラブルを起こす。

競争すべきでない人と競争する。張り合うべきでない人と張り合う。だから本来、仲良くできる人とも仲が悪くなる。

ウサギとカメに自分があれば、お互いに競争しない。だから、お互いに仲良くなれる。

しかし、ウサギとカメに自分がないと、お互いに競争して、勝ち負けの勝負をする。遅いカメを、早いウサギがバカにしたりするから、お互いに嫌いになり、仲が悪くなる。

ウサギとカメとに自分があるとは、ウサギとカメとが自分のしていることに満足してるということである。自分の意志があるということである。

ウサギは陸を跳ねていることに喜びを持ち、カメは水の中で生きていることに喜びを持っている。

お互いに毎日を充実して生きている。お互いに今日一日やる目的がある。

もし子どもが水遊びをして楽しければ、翌日も水遊びをする。「サッカーしよう」と言われても、「イヤだー」と言って水遊びをしようとする。

自分がなければカメはウサギになりたいし、ウサギは遅いカメを軽蔑する。自分がないということは相手を意識するということである。

ウサギとカメの仲が悪くなるのは、お互いに自分でない自分になろうとしたときである。カメがウサギになろうとするから、ウサギをうらやましいと思いウサギをねたむ。そしてウサギのあら探しをして、「イヤねー、あんなに目が赤くて、不安そうで」と悪口を言う。そしてウサギを嫌いになる。

もしカメが水のなかでも生きていられるという自分の特徴を知って、カメとして生きようとすれば、ウサギが好きでいられたのである。ウサギと同じように生きようとしたために、ウサギを嫌いになった。

だから、「良い子」は挫折するのである。「良い子」は周囲の人が皆嫌いである。

「良い子」は、「こうしてはいけない、ああしてはいけない」と考えがちである。そして、「自分はこうしなければ」とか、「皆に自分をこう見せたい」と思う。それよりも「こうしたい、ああしたい」ということを見つけることが幸せにつながる。

そして実は、子どもが自分の好きなことを見つけられるように励ますのが親の愛なのである。

子どもが、車が欲しいと言う。もちろんオモチャの車である。そこで車をすぐに買ってあげる母親がいる。子どもがゲーム機が欲しいと言う。すると、すぐに買ってあげる母親がいる。

そして母親の方は、子どもには欲しいものをすべて買ってあげていると思っている。しかし、はたしてこの状態で、子どもが欲しいものを買ってもらっているだろうか。おそらく子どもは、欲しいものをすべて買ってもらったとは思っていない。

子どもが「車が欲しい」と言う。

そこで母親が「どんな車？」と聞く。

「真っ赤な車だよ」と子どもが言う。

「消防車？」と母親。

「違うよ」と子ども。

「じゃー、どんな車?」と母親。

「スポーツカーだよ」と子どもが言う。

こうした会話の後、車を買ってもらって、子どもは「欲しいものを買ってもらった」と思う。

この会話が親子のふれあいでもある。またこうした会話をしながら母親が、「今日は買わなくてもいいかな」と判断するときもある。

ただ言われるままに買ってあげている母親は、ここまで子どもを相手にしていない。あるいは、こうした会話のなかで、子ども自身が自分の欲しいものをハッキリと具体化していける。

子どもは会話が欲しい。

わが子のために無駄ができるという愛

また子どもが好きなものを見つけるために、無駄をすることができるのが親の愛情である。「良い子」の親は、無駄が損だと思っている。

「自然な子」の親は、無駄が損とは思っていないから、子どもを自然に育てられる。たとえば、これも食べてごらん、あれも食べてごらんといろいろと食べさせてみる。その結果、子どもは自分が好きなものを見つけることができる。

子どもを自然に育てる親は、無駄と思っても、あるいは無駄にしても、お菓子をいろいろと子どもに与えて味を分からせる。

人は、心が弾んでいるときには、与えることができる。「良い子」の母親は、心が弾んでいない。親が満足していれば、子どもが無駄に食べたときに許せる。

「良い子」の母親は、「食べすぎてはいけない」と言う。そしてお行儀が悪いと叱る。しかも一個しか与えない。

私たちは安心しているときに、外に興味がいく。そして好きなものを見つけることができる。

たとえば、言葉の分からない外国に、ひとりでいるときのことを考えてみよう。不安である。その地域は治安が良くないらしいのに、暗くなってきた。そうなれば、自分の身を守ることにしかエネルギーは使われない。街並みなどに関心がいかない。

子どもも同じである。何となく不安なとき、あるいは自分が病気になるのではないかと不安なときには、好きなものを見つけるどころではない。遊ぶどころではない。トラブルを抱えている子どもは、安心して遊べない。しかし、子どもを愛している母親は、子どものトラブルを最小限にくいとめる。

それは子どもの顔色、言動、体調、食欲を見ているからである。そして少しでも普段と違った変化に気づくと、すぐに対応し対処する。

だから子どもは、安心して遊ぶことができる。そして遊ぶ能力が身について、自然な子でいられる。好きなことも見つかる。笑っていられる。

母親はよく、「何かあったら言ってね」とか、「自由にしていいのよ」と子どもに言う。しかしこれは、一見子どものことを考えているようで、まったく子どもとかかわっていない。子育ての責任を放棄している。

こういう親は子どもに迎合している。母親は自分に自信がなくて、子どもから良く思われたいのである。

愛情のある親は、子どもに「自分を好きになってほしい」とは思わない。子どもがまともに育ってほしいと願うだけである。

「何かあったら言ってね」とか、「自由にしていいのよ」と言うのは、子どもがある程度の年齢になって、自立を促すときに言う言葉である。

よく自分は何が好きだか分からないと相談される。好きなこととは、手抜きしないでしていることである。人間は本当に好きなことをやっているときは、手抜きをしない。もし今、あなたが自分は「良い子」だと思うなら、自分は何をやっているときが手抜きをせず、時間の経つのも忘れて仕事をするか、一度じっくり考えてみてほしい。

人からほめられたときに、自分では「えっ、こんなことでほめられるなんて意外だな。私には当たり前のことなのに」と思えることが、実は自分に一番向いていることなのである。

楽しいという実感がない

子どもが不安になる優しさ

自然な子にとっては、食べることは楽しむことである。しかし「良い子」にとっては、食べることがときに義務になる。すると、お菓子を食べてもラーメンを食べても、同じことになる。お菓子を食べるときの楽しみ方とラーメンを食べるときの楽しみ方は違う。そのうえ義務で食べていると、「残してはいけない」と思う。

食べることばかりではなく、「良い子」や「いい人」は楽しみではなく、常に義務感で行動している。「良い子」は他人に迷惑をかけまいとし、礼儀正しいが、つきあいを楽しんでいないし、相手に対して思いやりがない。

また「良い子」には楽しい会話がない。

母と子の会話が、ふれあいとしての会話になっていない。

今の子どもは、母親との話ではいつも責められている。そこで子どもは、母親と話をするときには、また文句を言われると思ってしまう。「良い子」は、母親との会話が楽しくない。

子どもは病気が怖いのではない。子どもは病気になって責められることが怖いのである。

子どもが「歯が痛い」と言う。すると母親から、「甘いものばかり食べているからよ」と叱られる。

子どもが「熱がある」と言う。すると母親から、「プールの冷たい水にいつまでも入っているからよ」と責められる。

あるいは教えることもしないで、いきなり高度なことを要求して、「なんでこれくらいのことができないのよ」と子どもを責める親が多い。

そうした親は、大きな目標を言うことで、自分が格好つけているのである。子どものことを考えてはいない。日本の家庭では指導がなくて、ただ責められる子どもが多い。

あるいは「良い子」の母親は、子どもに干渉をする。

子どもがある友だちと遊ぼうとするときに、「あの子と遊んじゃダメ」と言う母親もいる。

子どもが自分たちと異なる価値観の人々と接することを妨げる。こうして子どもの創造性を殺してしまう。子どもを創造的にするための条件のひとつは、子どもが自分と違った価値観をもった友だちと接することを許すことである。(註5)

子どもを責めている親は、たいてい子どものことを気にかけていない。子どもに関心がないのだろう。たとえば子どもを責めている母親や父親は、子どもがケガをしないように心掛けるということがない。母親は、子どもを責める話でなければ誰かの悪口である。

子どもを愛している親は、子どもの問題を一緒に解決してくれる。

子どもが学校で怒られて残される。

母親が学校に迎えにくる。

「自然な子」の母親は、終わったことを終わったこととしてくれる。

そして一緒に走って、「やりきれない感情」を吹っ切ってくれる。

しかし「良い子」の母親は、そこでもう一度くどくどと言う。

優しい母親とは、優しい言葉を使う母親ではない。

優しい母親は、言うときは言っても、あとは優しく面倒を見る。あるいは、「もしかしたら、あえて言わないほうがこの子は素直になる」と思って何も言わない。こうして子どもの感情を整理してくれる母親が優しい母親である。

子どもが夏の暑い日に家に帰ってくる。「暑かったでしょう」と母親が言う。その後、「自然な子」の母親は体を拭《ふ》いてあげようとする。

「良い子」の母親は冷房をつける。

「良い子」は、不安だから寝付きが悪い。

「自然な子」は、満足しているから寝付きがいい。

「良い子」はいつも体調が悪い。緊張しているから頭が痛くなったり、したいことを我慢しているからお腹が痛くなったりする。そして心の底は無気力で、身体はいつもだるい。

それに対して「自然な子」はいつも体調がいい。「自然な子」は親の前でリラックスしている。自分の言動で親の感情が急に変わらないからである。

「良い子」は親の前で不安な緊張をしている。いつもびくびくしている。それは自分の言動で親がいきなり怒り出すからである。

ちょっとしたひと言で、親が急に不機嫌になる。そこで今、親が機嫌良くても、いつも言葉には気をつけていなければならない。笑っていた親が、自分のちょっとしたしぐさで、いきなり「ヤダなー、その態度は」と鬼瓦のような顔になる。

「自然な子」は、季節感が分かる。自然な子は散っていく銀杏の葉に秋を感じる。「あと一日がんばって咲くぞ」という銀杏の葉の強さを感じる。自分を愛して散っていく銀杏の葉に哀愁を感じる。秋の空は高いと感じる。

サンマを食べるのも、焼きたての熱いのに大根おろしをかけて、ピチピチと音を立てる旬《しゅん》のものをおいしく食べる。

「良い子」は、旬のものと季節はずれのものとが分からない。

「良い子」は、花と造花の区別が分からない。自然が分からない。デパートの一日遅れの料理でも、できたての料理でも分からない。ベターッとしてる刺身でも、新鮮な刺身でも同じに見える。ご飯が立って光っていても、ベターッとしていても同じ味がする。お茶は出がらしでも、いれたてでも分からない。

風邪を引くと味が分からなくなる。それと同じである。「良い子」は心身ともに何となく調子が悪い。

それは「良い子」が毎日生きるのが辛いからである。「良い子」は生きるのが苦しい。

だから季節も味覚もない。もし首を絞められていたら、味覚どころではないだろう。それと同じである。

「良い子」は、心の首を絞められているのである。

その上、子どもをいわゆる「良い子」にするような母親は、料理は手抜きをしている。だから子どもは、もともと味覚が分からなくなるのである。

楽しく生きられない二つの原因

「良い子」が楽しく生きられない原因には二つある。

ひとつは「良い子」が憎しみに支配されているからである。「良い子」や「いい人」は、きわめて生真面目であるが、憎しみと恨みが秘められているから生きることが楽しくない。

すべてのことを批判されまいとして、肩に力が入っているビジネスマンがいる。仕事熱心であるが憎しみの人である。そういうビジネスマンは、自分の弱点を隠さなければならない。

だから表面的には「いい人」でも、一緒にいて息苦しい。このような人の仕事熱心さは、見ているだけで息が詰まる。こうなってしまうのは、その「いい人」が本質的に不満だからである。

彼らは仕事をすることを楽しめない。そして仕事の成果が上がらないとひどく苦しむ。仕事のプロセスを楽しめない。燃え尽きる人はこのように仕事熱心なタイプである。

燃え尽きる人は小さいころから「良い子」で楽しい体験をしていない。少年時代、青年時代を通じて感動する体験がない。その結果、「良い子」は五感が未発達である。楽しく生きられない第二の原因は、その人が素直に自分を出していないからである。「良い子」は、自分を素直に出した体験がない。素直に自分を出せる子どもに、欲求不満な子はいない。同時に「良い子」もいない。

素直な種には素直な花が咲く。素直な人は楽しい生活をする。素直になると心が楽になる。素直になると生きるのが楽しくなる。

自分らしく生きるためには、自分に素直になることである。「良い子」は素直でないから自分らしく生きたことがない。

自信は、楽しい体験から生まれてくる。優越感から生まれてくるものではない。だから、素直に自分を出している子は、自分と他人を比較しない。楽しく生きている子は、自信があるから自分と他人を比較しない。

ある「立派な献身的な母親」の子どもが就職ができなかった。成績はいいのだけれども、会社の面接でみなダメになる。

確かに自己中心的な学生である。その学生に小さいころからのことを聞いてみた。その学生は、「ママはいつも周りのせいにしていた」ということを繰り返し言った。おそらくママの方は、そのことに気がついていないのだろう。

小学校のときに先生の前では「先生のご指導のおかげで……」と言いながら、陰で二人になると「イヤな先生ね」と言っていたという。「イヤな先生ね」と言えば、そのときには気持ちが楽になる。しかし、何も解決していない。その母親も一生懸命、子どもを育てた。しかし報《むく》われなかった。

この母親はなぜ報われないかが分かっていないのだろう。ふとしたときに出るその母親の本質が、子どもの心理的な成長の障害になっているのである。その心理的幼稚さが、会社の面接で表れてしまう。

夫との関係も同じである。妻としても母親としても一生懸命に努力しながら、彼女は報われずに燃え尽きた。彼女の努力は、砂上《さじょう》の楼閣《ろうかく》のような努力である。努力の基盤ができていない。

自分自身が素直に楽しく生きていない。だから、人間関係も仕事も子育ても何をしてもうまくいかないのである。

うわべだけの友だち関係

なぜ仲間から浮いてしまうのか

本当に明るい子は、人とコミュニケーションができている。小さいころに親とのコミュニケーションができるようになっているので、少年になって仲間とコミュニケーションができる。次に大人になってもコミュニケーションができる。

それに対して「良い子」は、コミュニケーションができない。コミュニケーションの取り方が、引くか、絡《から》むかになってしまう。「イヤだ」と言われると引いてしまうか、「なんで？」とさらに絡むかになる。あるいはピントが外れる。

母親の言うことを何でも聞く従順な「良い子」は、同年齢の子となかなか友だちにはなれない。自己執着の強い親にしか適応していないから、子ども仲間に適応できない。

なぜなら「良い子」は、自分を認めてくれる基準が、親と仲間とでは違うということが理解できていないからである。「良い子」は親の感情に合わせているだけで、自分の表現ができない。

だから、「良い子」は仲間から浮いてしまう。「良い子」は仲間の関係を見ていない。「良い子」は、教室で仲間の状態を無視して、「静かにしよう」と言って先生に取り入る。

そう言ってもダメなときでも、先生に自分の「良い子」を誇示する。そこで仲間から浮いてしまう。

「良い子」はルールに合わせる。原則によって行動している。「原則によって行動する」とは、状況に適応していないということでもある。「自然な子」は、仲間の関係を見ているから、無理なときには大きな声で「静かにしよう」と言わない。

小さいころに「良い子」で、後に社会的事件を起こす人は、たいてい孤独である。人とふれあえない。人とコミュニケーションできない。

困ったことがあっても、「俺、今困っているんだ」と本当のことが言える友だちがいない。何かとんでもないことをしてしまったとする。たとえば、犯罪をおかした後で、「一緒に警察に行こう」と言ってくれる友だちがいない。だから事件が大きくなる。

「良い子」は、いつも実際の自分が現れてしまわないかと身構えている。そして嫌われはしないかと恐れている。実際の自分が現れれば、嫌われるに違いないと思い込んでいる。その思い込みは、防衛的性格が強固であればあるほど強い。

「良い子」は、「こうすれば必ず嫌われる」と思い込んでいる。そんなことはないと友だちが言っても信じない。また一般には、その「良い子」に向かって、「そんなことはない」と言うような友だちがいない。そこで「こうすれば必ず嫌われる」とひとりで固く思い込んでいる。

結果として、人に対してきわめて操作的になる。「好かれるためにはこう言わなければならない」「ここでこのように言っておかないと、まずいことになる」「ここは黙っていれば相手は必ず自分に折れてくる」というように、いろいろと相手に対して操作的になる。

自分がどのような態度を相手に取るかで、相手の気持ちを操作しようとする。

〝親しさ〟の必須条件

人が愛されていると感じるというのは、どういうことであろうか。それはこんなことを話題にしてはいけないとか、こんなことを言ったら品が悪いと思われて嫌われるのではないかとか、こんなことをしたら軽蔑されるのではないかとか、そうした不安がないということである。

自分が欲しいものを欲しいと言っても怒られない、自分がしたいことをしたいと言ってもイヤな人と思われない、嫌いな食べ物を嫌いと言っても相手を傷つけない、それが安心感である。

眠いときに「眠い」と言っても失礼と思われない。勉強が嫌いなら「勉強が嫌い」と言ってもバカにされない。怖いときに「怖い」と言っても軽蔑されない。会社に行くのがイヤなときに「会社に行くのがイヤだ」と言っても「だらしのない男」と思われない。それが安心感であり、親しさである。そのように感じるのが、愛されているということである。

いや、愛されているとは、自分が実際にだらしがなくて、だらしないと思われても、見捨てられないと思っていられることである。自分が実際に怠け者でも、相手は自分を好きだろうと思っていられることである。

相手は自分のことを叱っても、怒っても、怒鳴っても、自分のことを好きであるという確信が崩れない。それが愛されているという安心感である。これをしたら相手は自分のことを品がないと思うだろうが、でも自分のことを好きだという確信が安心感である。

心理的に健康な人は、愛する能力を持っている。子どもを愛していれば、子育ては大変だが辛くない。親を愛していれば、親の介護は苦労は多いが辛くない。

逆の立場から見ると、次のようになる。相手が時間とエネルギーをかけて、自分の世話をしてくれる。でも、相手は辛くはないだろうと確信できる。それが安心感である。相手が自分のことに時間を費やしている。でも相手は、それに意味を感じているだろうという確信が持てる。これが安心感であり、愛されていると感じているということである。

残念ながら、「良い子」にはこの安心感がない。逆に、世界は敵意に満ちていると感じている。敵意に満ちた世界から自分を守る方法が、「良い子」になることなのである。「良い子」にとって、世界は悪意に満ちている。

敵意に満ちた世界というのは、自分は、親の感情に自分を合わせなければならないと感じているということである。親は何か気に入らないことがあると、「どういうつもりなの」と詰問《きつもん》する。

心理的に病んでいる親は、親になってもまだ愛されることを求めている。だから、子育てが辛くなる。子どもから見ると、そんな世界は自分に友好的ではないということである。

友好的であるということは、相手が自分のことを考えてくれていると感じられるということである。自分を理解してくれるということである。自分の言うことに耳を傾けてくれるということである。

子どもは親が自分の言うことに耳を傾けてくれないということで、世界は自分に敵対していると感じる。そして不安だから、自分という城の周りに壁をつくる。どんな敵が攻めてくるか分からないから、どんどん壁を高くする。

ジャングルにひとりでいたらどうなるか。自分が無力で、周囲の世界は自分を守ってくれない。自分を守ってくれる人がいない。自分を守ってくれると信じられる人がいない。

そんなとき、誰でも暇があれば城を強固にする。遊んでいる暇はない。仕事をしないではいられない。城を強固にすること以外の仕事をしていれば、こんなことをしていられないと感じるのは当然である。城を強固にするということは、現実の世界では仕事の業績を挙げるということである。

仕事中毒になる人は不安な人である。城の城壁を高くすること以外の仕事はしている暇がない。大人になって、仕事熱心で休めない執着性格の人は不安なのである。

聞いてあげることの大切さ。

聞いてあげるか、聞いてあげないかで、子どもにとって世界は敵対的にもなり、友好的にもなる。

子どもは聞き役が欲しい。

「こんなことくだらない」と言うのではなく、「こんなことも知っているの ー」と聞いてあげる。すると子どもは、世界は自分に友好的だと感じる。

子どもは「こんなことも知っているのー」と言われたい。そう言われると、次々に自慢話をしだす。そこで世界は、自分に敵対していないと感じる。

話しかけ上手が大切ではないというのではないが、聞き上手が、子どもとのつきあいには必要である。訳が分からなくても、子どもは聞いてくれる人がいればうれしい。

見捨てられる不安

怒られるのが怖くて嘘をつく子と、嘘をつかない子の違い

相手に好かれるために嘘をついてしまうと、相手の人柄と関係なく相手を信じられなくなる。人を信じられるかどうかには、二つの問題がある。ひとつは、相手が信じるに足る人物であるかどうかである。もうひとつは、自分が相手を信じる能力があるかどうかである。

相手を信じるためには、相手が信じるに足る人物であるというだけでは十分ではない。相手がどんなに信じるに足る人物であっても、すべての人がその人物を信じられるわけではない。

相手に気に入られようとして嘘をついてしまえば、その人は相手を信じられなくなる。相手に嘘をつかないからこそ、人は相手を信じられるのである。

いわゆる「良い子」が、人を信じられないのはそのためである。相手に迎合してしまっているからである。いわゆる「良い子」は、両親に気に入られたいために、自分の本心とは異なったことを言う。両親に気に入られるようなことを言う。

小さい子が母親から勉強のことをたずねられる。大切な宿題をすませたかどうかを聞かれる。そこで「まだ、やってない」と正直に言って母親から怒られる子は、母親を信じられる子どもである。しかし、そこで嘘をつく子は、母親を信じられなくなる。

もちろんこの場合は子どもにも責任があるが、母親の方により重大な責任がある。子どもは「まだ、やってない」と言って、怒られるのが怖いから嘘をつくのである。ストレスや恐怖や不安がなければ、子どもは嘘をつかない。嘘をつく理由がないのである。

「子どもが嘘をつかないようにするためには、子どもを怒ってはいけないのか？」というような疑問を持つ母親がいる。決してそんなことはない。

たとえば、母親が「何でまだやってないのよ、あれだけ言ったでしょ」と怒る。怒るのはいい。しかしそのときに子どもが、母親は自分を怒っても、自分のことが好きであると思えれば、怒られても正直に話をする。

桜の木を切って、それを正直に言ったワシントンも偉かったかもしれないが、実は偉いのはワシントンではない。父親の方である。正直に言える雰囲気が親子の間にあった。正直に言ったら、自分は見捨てられると恐れたら、小さい子は正直には言えない。

反抗しても見捨てられないと思うから、子どもが反抗できるのと同じである。親に対して信頼関係があって初めて、子どもは親に反抗ができる。

多くの場合に、家庭内暴力の子が第一次反抗期がないといわれるのはそのためである。親を信じられないから反抗期がないのである。「見捨てる」という脅しは、その場で子どもを従順にするが、子どもの心の底に憎しみを残す。

家庭内暴力を起こすような子どもは、見捨てられるのが怖くて正直に自分の感情を表現できないで、ついに自分で自分をコントロールできなくなってしまったのである。

親は子どもの正直な感情表現を許さなかった。

家庭内暴力の親は、「子どもは手がかからなかった」と言う。親が料理でも何でも子育てで手抜きをしていたということである。子どもからすれば、怖くて手をかけられなかったのである。それだけ冷たい親だったということである。

したがって、いわゆる「良い子」は信じられるものがない。常に嘘をついてきたからである。自分の身の安全を守るために、いつも嘘をついてきた。嫌いなことを好きと言ってきた。素晴らしいと感じたことを「くだらない」と言ってきた。みな親に気に入られるためである。親の機嫌を害さないためであった。

「良い子」は、そうして親に迎合してきた。自分が「あいつは卑怯《ひきょう》だ」と思っても、親を喜ばすために「偉大だ」と嘘をついた。そうして「親子の役割逆転」をしてきた。

自分の感情を正直に表現しても、自分の身の安全は保障されている。そこで子どもは、初めて正直に感情を表現できる。人を信じられるような子どもも、もちろん親から怒られることはある。しかし子どもは、親の怒りの裏に親の愛情を感じられる。

親がなぜ怒っているか、その原因を子どもは受け入れられる。親は自分のためを思って怒っている、子どもはそう信じられる。親の怒りそのものには腹を立てても、怒りの動機は信じている。そこが重要なのである。

いわゆる「良い子」は、親が自分を怒ったときに、その怒りの動機を信じられない。

親が自分を怒るのは、自分を愛しているからだということを信じられない。

自分が悪いから親は怒るのだし、親が怒ることで自分の身は危険にさらされる。嫌われてしまう。そしてすぐ親が怒るのは、親の心が満足していないからである。親が怒らないときには我慢している。それも子どもに雰囲気で伝わる。

そこで子どもは初めて、親から怒られないように嘘をつく。そしてはじめに書いたように、嘘をつくから相手を信じられなくなる。相手に嘘をついた瞬間、相手と自分との関係が、決して確固としたものではないということを子どもは心の底で感じる。相手に嘘をついた瞬間、相手と自分との関係は本当のものではないことを感じる。そして相手を信じられなくなる。

そして大人になっても、他者を信じられなくなる。メランコリー親和型の人なども、この心理に捕らわれているのではないだろうか。というのは、相手に思いやりがあるわけではないのに、いつも相手に迷惑になることを恐れている。

親を信じている子は、親の言動におびえない

そして母親を信じられないことから、子どものさまざまな心の問題が発生してくる。たとえば、おびえとか、イライラとか、怒りっぽいとか。そしてそれさえも抑える「良い子」は、ノイローゼになるしかないだろう。

怒りを抑えている「良い子」は、おびえている人でもある。その人から愛情を求めていながら、その愛情を得られるかどうかに自信がない。これが「子どもが母親を恐れている」という心理状態である。

母親の愛を求めながらも、母親の愛を確信できないときに、子どもは母親を恐れる。母親におびえる。母親の顔色をうかがう。つまり母親の顔色をうかがう子どもは、母親を信じていない。「良い子」の問題はそこである。「良い子」は母親を信じていない。

人を信じられないから、「良い子」は後に大人になって、さまざまな心理的問題を引き起こすのである。

母親の愛を信じている子どもは、いつも母親がニコニコしていることを求めていな

い。そうであるほうがいいが、それでなければ生きていけないほど、それを求めているわけではない。母親の愛を信じていない子どもに比べて、辛くはない。しかし愛を信じられない子どもは、母親がいつもニコニコしていることを求める。母親がいつもニコニコしていなければ、不安で辛い。

それは母親が怒っていると、自分は愛されていないのではないかという恐怖をもつからである。自分が愛を求めている人が怒っている状態というのは、愛を求めている側の人にとっては辛い。その辛さを避けたいので、その辛さがイヤなので、いつもニコニコしていることを求める。そして、いつも機嫌良くしていてもらいたいから「良い子」になる。

しかし、求めているものが得られない。そこで、その人に怒りを向ける。要求がなければ、その人に怒りを向けることはない。相手が自分の切実な要求を通さないから、相手に怒るのである。

自分を愛してくれるかどうかが不安で、相手の言動におびえる。そして同時に、相手が自分の要求を満たしてくれなければ怒る。常に愛を求めているから、常に怒る可能性がある。相手を信じている人は、相手の言動におびえない。相手の言動を、自分を愛していないように感じないからである。

見捨てられる不安をもち、相手の愛を確信できない人は、怒りやすい。相手の言動に対する注文が多いからである。相手の言動に対する要求が満たされなければ、怒る。相手の言動に対する要求というのが、単に「こうしてほしい」程度のことならいいが、愛を求めるという切実な要求が、相手の言動に対する要求という仮面をかぶって登場する。

たとえば母親は、主婦は、家でいつもニコニコしているべきだという規範を夫は要求する。その要求の裏には、夫の愛情要求がある。夫の愛情要求が、主婦のあるべき態度という規範の仮面をかぶって登場してきているのである。

外から見ていると、おびえたり、怒ったりと矛盾しているように見えるが、おびえる人は、同時に怒りやすい人なのである。おびえと怒りやすさは、同じコインの表と裏である。そして怒りやすい人は、愛情飢餓感が強い。いつも求めているから、いつも不満で、いつもイライラしている。油がにじんだ紙みたいなもので、ちょっとマッチをすれば、ボッと燃え上がる。これが怒りやすさである。

イライラするのは、素直になれないからである。悲しみであれ、怒りであれ、喜びであれ、自分の感情を表現できないからである。そして素直になれないから、人となかなかかかわれない。子どもは母親とかかわれない、夫は妻とかかわれない、上司は部下とかかわれない。

たとえば、「これをしてほしい」と素直に言えない。私の父親は、「新聞を持ってきてくれ」と言えなかった。そこであるものを指して、「それ新聞か？」と言った。家族が嫌いだから「これをしてくれ」と言えないのである。言わないで気づかせようとする。

たとえば、子どもが母親を嫌いなときである。「お母さんお腹すいたから、ご飯つくって」と言えない。「お腹すいたけどなー」と言う。母親に気づかせようとするのである。「温かいものちょうだい」と言えない。「寒いけどなー」と言う。

そして「これをしてほしい」と素直に言えないで、気づいてほしいと願う。そう思いながら、相手が気づいてくれない。そんなときに、人はイライラするのである。

テレフォン人生相談などに電話をかけてくる奥さんが、「とにかく、夫があああだこうだと、うるさいんです」と言う。妻にああだこうだと、立派なことを言って夫がうるさいのは、妻に愛情を求めているからである。妻に愛情を求めながらも、妻の愛情を信じられないから、立派なことをうるさく言うのである。うるさい夫は、妻に素直になれていないのである。だから言うことが回りくどいのである。妻を嫌いな夫は、「こうしてほしい」と素直に妻に言えない。

妻を嫌いなのに、妻の愛情なしには生きていけない。それなのに、妻から愛されているという確証がない。その確証を求めて、うるさく言うのである。

相手に対するうるさいほどの注文は、それだけ愛を求めているからである。そして愛を求めている人に限って、愛を信じられない。小さいころに裏切りと絶望を体験しているのであろう。そして、その傷から回復していないのである。

相手の愛を信じられれば、うるさくまとわりつくこともなくなる。おびえている人は、次のことが理解できない。また次のことが信じられない。相手は怒っても、自分のことを愛しているのだ、相手が不機嫌でも、自分のことを好きなのだということが分からない。

それが分からないうちは、相手におびえる。

結局、夫のうるささも、子どもの家庭内暴力と同じなのである。子どもも母親に愛情を求めている。しかし母親は、自分の要求を満たさない。それで母親に怒る。怒ることでしか愛情を求められない。

子どもがうるさく母親にまとわりつくのは、愛情を求めているからであり、母親の愛を確信できないからである。母親を信じられないからである。母親の愛を信じられれば、うるさくつきまとわない。

愛を信じられれば、いろいろなことは一挙に解決がつく。愛情で説明するから、分かりにくいのかもしれない。権力で説明したほうが理解しやすい。出世をしたくてしたくてたまらない人がいる。とにかく早く部長になりたい、役員になりたいと熱望している。出世できなければ、死んだ方がいいと思っている。

そして誰を昇進させるかの権限は、すべて社長が握っているとする。その人が社長の前に出たらどうであろうか。自分の求めるものを社長はもっている。自分は社長に気に入られるかどうか、不安であろう。社長に嫌われないかと、おびえないだろうか。ただこの場合にも、社長との間に信頼関係がないというのが特徴である。

子どもが母親におびえるということは、そういうことである。「なんで母親が怖いのだ」と理解できない人がいる。たしかに母親に愛されて育った人には、子どもが母親におびえるということは理解しにくいかもしれない。しかし愛を求めているからこそ、母親におびえるのである。そして求めている愛を信じられないから、母親に怒るのである。怒りとおびえ。迎合と攻撃。矛盾しているようで、実は同じコインの表と裏なのである。

従順で自己主張しない

「好き」と思っていた「嫌い」

ある、勉強ができない子どもである。

小学校時代に「好き」と思っていた先生がいる。

その先生が担任の間は、その子は「良い子」であった。トイレをきれいに掃除した。洗面台も洗った。教室のカーテンをはずして家に持ち帰って洗った。

先生に怒られると思ったから、教科書はいつもきれいにしていた。鉛筆をそろえて削っていた。ノートが折れるのが怖かった。

先生に気に入られるために、バレーボールが嫌いなのにバレーのボールをきれいに拭いた。拭いた後に、先生から「よくやった！」と言われるためだった。

先生からほめられると安心した。休み時間も、ベルが鳴る五分前に席に戻っていた。先生が不機嫌になるのが怖かった。休み時間が終わる前に気になってくる。そして次々と、先生を喜ばすことをしようとした。

放課後、鬼ごっこをして、その子は鬼になった。そのときにある子が、先生の机の下に隠れた。しかし、先生が「いないわよ」と言うと、いないということにして違うところに行った。

そして先生は、よく家に「遊びにいらっしゃい」と言った。その子は、先生のところに行きたくないのに行った。「イヤ」と言えなかった。イヤな思いをすると分かっていても「行く」。先生が怒らないだろうという服を着ていく。

家に帰ってから親が「どうだった？」と聞く。すると「楽しかった」と答えてしまう。

夕方五時まで、職員室で先生の手伝いをしていた。その子はなぜか、不思議にその先生から離れられなかった。

そしてその子は、自分がバカだと思っていた。そして、先生からもバカと思われていると思っていた。その子はなぜか、その先生が自分を救ってくれると思っていたという。

その子は、朝起きたときにもう頭には学校がある。その子は、「あのころは泣かなかった」と言う。宿題していても、先生のことが頭に浮かぶ。

周囲の人は、「こんなに学校が好きなのに、なんで勉強できないのかしら」と言う。

ある日、その先生が「今日から担任の先生は替わります」と言った。そのときに何か心が楽になった。

そして、次の担任の先生に「そんなことをしなくてもいいのよ」と言われた。その子は「えー？」と驚いた。「しなくていいの？」とびっくりした。

小学校を卒業した後、さらに心が楽になった。その子は中学校に入って、「自分は、あの先生が嫌いだったんだ」と気がついた。

すると、その先生が、決して自分のことを考えてくれてはいなかったことにも気がつきだした。

ある日、登校時に突然強い雨が降り出した。制服が濡れてしまった。他の生徒は、家に帰って濡れた制服を替えて登校した。しかしその子は、そのまま濡れて登校した。先生に「濡れているわね」と言われた。しかし、その子は「大丈夫です」とだけ答えた。先生は、たとえば「体操着に着替えてきなさい」というようなことは言わなかった。その子のことを考えていれば、そう注意をしてあげたろう。

第3章

親の期待が重荷になる子
励みになる子

〝燃え尽き症候群〟に陥る会話

ハーバート・フロイデンバーガーの『燃え尽き症候群』という著作に、神経症になった専務の例が出ている。

燃え尽き症候群のポール専務は、若いころに音楽が好きだった。しかし彼の父親は、音楽など軟弱な青年のやることだという価値観を持っていた。

ポール少年は、バイオリンが好きであったが、それを抑圧する。つまり、バイオリンを好きだという感じ方を意識から追放した。バイオリンが好きでは、大切な父親に愛されないからである。

彼は父親に愛されるために、自分はバイオリンが好きではないと思い込む。そして勉強して、立派な人間になるんだという「父の教え」に従う。この「父の教え」こそ、「幽霊」[註6]となって彼の生涯を悩ます。

このときからポールは何をしても、していることが好きではなくなったにちがいない。ここが問題なのである。好きなことがあれば、身近に嫌いな人がいても人は救われる。

好きなことさえあれば、人は何とかやっていかれる。しかし好きなことがなくなると、打つ手がなくなる。父親に愛されるために、自分はバイオリンが好きではないと思い込んだ瞬間に、ポールは地獄の入り口にまで来てしまった。

このポールの話を読むと、多くの親は自分はこんな愚かなことはしていないと思う。しかし受験を控えた子どものいる家庭では、次のような会話があるのではないか。

子「僕は、画家になりたい」

親「バカなこと言うんじゃないの、医学部に行きなさい」

今の日本には、「勉強が一番」と思っている親が何と多いことだろう。受験勉強で子どもの心身が弱ることを、何とも思っていない親はあまりにも多い。

なかには、小学校のころから勉強、勉強、塾、塾で、休むことすらできない子どもさえいる。それについで、さらにお稽古《けいこ》ごとまでさせられる子どもがいる。ポールの例は、決して外国の特別な例ではない。

ポール少年は、淋しさを意識したくない。孤独になりたくない。ひとりぼっちになりたくない。ポール少年はなによりも孤独が怖い。

問題は、ポールがこのときに「悔しい！」と思えなかったということである。「悔しい！」という自分の気持ちを意識できなかったことである。

ポールはこれ以後、「父の教え」にしたがい、嫌いなことを我慢して会社で働き続けた。嫌いなのにその仕事を続けることを肉体的に説明すれば次のようになる。

木に登って怖くてしかたない。それなのに「もっと登れ、もっと登れ」と言われて、登り続けるようなものである。肉体的に恐怖の極限状態になっていつか落ちる。

心理的にも同じである。我慢が心理的に限界に来て、うつ病者になったときに、肉体的に言えば木から落ちたのである。つまりこの「父の教え」は、「死ね」と言っていたのと同じなのである。

ポールの父親は、バイオリンの好きな女にふられてバイオリンが嫌いになったのかもしれない。それなのにポールは父親の教えを守った。

「あるべき自分」と「本当の自分」

「良い子」は、「あるべき自分」が「実際の自分」に先行する。

自分の可能性を実現しようとするよりも、「あるべき自分」になろうとする。あるべき自分のイメージのために、実際の自分の人生を犠牲にする。「良い子」は自己喪失に陥る。

「良い子」になる人が問題を起こすのはこのためである。

「良い子」は自分の生活を失う。自分の人生を失う。その結果、「良い子」には生きる喜びがない。生きている実感を失う。それが「自分がない人」である。

親の期待にしたがってのみ生きていれば、自分はこの人生で何をしたらいいのかということが分からなくなる。自分の内面に湧き出るものを感じることができなくなる。

これは交流分析で言う「あなたであるな」というメッセージと同じである。このメッセージがベンツの言う「幽霊」である。この幽霊がいつも出てきて、「あなたはあなたであってはならない」と言う。

この言葉だけ聞くと、ものすごいことのように感じるが、現実の生活では、情緒的に未成熟な親から子どもへよく伝達されているメッセージである。「良い子」は、この幽霊に生涯悩まされる。

これをイソップ物語風に説明すると、次のようになる。

イノシシは、ゾウのように大きくなり、皆にすごいと思われたくて、ゾウと同じ食べ物を食べて、ゾウと同じ生活をすればいいと思った。そこで食べられない草木を無理をして食べているうちに、胃を壊し、栄養失調になり、生きるのがイヤになった。

「良い子」は、悪い子になることを恐れる。自分が「悪い子」なら、愛されないと思うからである。責められると思うからである。

「良い子」はすでに孤独なのであるが、とにかく孤独を恐れる。「良い子」は「悪い子」になって皆から見捨てられることが怖いのである。

淋しい「良い子」にとっては、受け入れられることが心の安全装置である。「良い子」は他人に受け入れられることでしか、自分を存在させることができない。しかし、現実の自分を受け入れてもらおうとしているのではない。相手の期待する人間として、自分を認めてもらおうとしている。もし「良い子」が現実の自分を受け入れてもらえれば、自分に自信ができる。

小さいころ自分の周囲にいた人は、自分と違った自分になることを求め、強要した。

そして周囲の人に受け入れてもらうために、「良い子」は実際の自分と違った自分になったのである。彼はその後、この疑似自己にしがみついて生きてきた。

「良い子」は、親や周囲の人に気に入られることばかりに気を遣い、成長への願望も失い、同時にその能力も失ってしまったのである。その結果「良い子」は、実際の自分を軽蔑するようになる。そして実際の自分でない自分を演じれば演じるほど、実際の自分を心の底で軽蔑するようになる。実際の自分と、周囲の人が求め強要する自分との選択にさいして、強要された自分を選択すると、その選択によって強要された自分が価値あるものと思えてくる。

選択はその背後にある価値観を正当化すると、アメリカの精神科医のジョージ・ウエインバーグは言う。他人の願望によって行動を選択すると、他人の願望が、自分の願望より意味のあるものに思えてくると彼は言う。

これをまたイソップ物語風に説明すると次のような物語になる。

イヌが川で泳いでいた。疲れたので川から出ようとしたら、それまで一緒に泳いでいたサカナが怒った。そこでイヌは川から出るのをやめた。そして体力を消耗して死んでしまった。

人の期待に合わせて、人に好かれるために生きていると、最後には「私という人間はどういう人間だったのか」と後悔するときが必ず来る。「自分は生き方が間違っていたのか？」と悩むときが必ず来る。他人は自分の人生に責任を負ってくれるわけではない。

先のイソップ物語風の説明を続ければ、自分があるとは、こうしたときに「サカナさん、私はサカナのあなたとは違って、陸で生きるイヌなのです。今は一時的に、イヌかきを楽しんでいたのです。また機会があったら会いましょうね」とサカナと別れることである。

そして実際の自分であるイヌを受け入れてくれたときに、イヌはサカナと仲間になれるのである。サカナの期待通りになったときに、イヌは受け入れられたのではない。

他人に受け入れられることで、自分を存在させようとしたイヌの間違いと同じことを「良い子」はしているのである。

子どもを辛《つら》くする「親子の役割逆転」とは

ロロ・メイの本の中で、ある同性愛者の臨床例が紹介されている。彼は六人兄弟の末っ子であった。四人の兄とすぐ上に姉がいた。その姉が幼いうちに死に、母親が末っ子の彼を少女のようにかわいがるようになった。母は彼に女の服を着せる。彼は彼で女性的興味を発達させる。彼は母の期待する女の役割を演じ始めたのである。少女としての役割を受け入れることで、母親に受け入れてもらおうとする。

彼がもし少年のように振る舞えば、彼は母親に姉を失った悲しみを思い出させ、母の期待に背《そむ》く。まさに彼は母親の期待をかなえるために現実の自分自身を裏切ったのである。

「親の目のなかにある自分の役割、言い換えれば、自分自身のなかに持ち運び、永続化させているイメージに従って生活しなければならないなら、その人間には、自分の支持しているものはもちろん、自分が何を信じているのか、あるいは自分自身の力が一体どんなものなのか、こうしたことが分からないのである。(註７)」

要するに親の期待する役割のみを演じていれば自己喪失するということである。もちろんその親の期待する役割を演じることが実際の自分を裏切るときである。

このような場合は、交流分析でいう「あなたであるな」というメッセージは、よく理解できる。しかし、これと同じメッセージは、情緒的に未成熟な親からよく子どもに伝達されているのである。たとえば子どもが適当な年齢になっても不安な親は子どもが自分から心理的に離乳することを望まない。

子どもは自分の自立の願望を裏切って、いつまでも母親の「かわいい息子」でい続ける。自立できない弱々しい息子の役割を引き受けることが、親を喜ばせることになる。親に気に入られ、ほめられることが何よりもうれしい子どもは、親の期待する役割を演じる。

このとき、母親は彼に甘えている。なぜなら彼は、母親の心を察してあげているからである。これがいわゆる「親子の役割逆転」である。

母親は彼に「女の子になってくれ」とは言っていない。そこがこうした親のずるさなのである。「女の子になってくれ」と言っていればまだ許せる。

もし何かあって、たとえば近所で「あの子は同性愛なんですって」などという悪い評判が立って、それが困ったことになったときには、こういうずるい親は「私は頼んではいない」と言うに違いないのである。そうしたときにこの子は立つ瀬がない。

母親が明確に頼んだことをするのなら、まだそれが生きがいになったかもしれない。母親に「してあげがい」がある。子どもにとっては、この母親は他人よりひどい無責任な存在なのである。この母親の無責任さにこそ問題がある。

これがボウルビィその他の学者の言う親子の役割逆転であるが、こういう場合子どもが親をおもりしている。子どもが親を喜ばそうとしているのだから、親が子どもに甘えている。

そしてこの親子の役割逆転での最大の問題は、今、述べた親の無責任さである。親が子どもに「甘えさせてくれ」と言っていない。もし親が子どもに「傷ついたオレの心を癒してくれ」と言っていたら、子どもは強くなった。

親子の役割逆転をする親は、自分の甘えを隠して子どもに甘える。子どもを育てるという顔をしてしまう。そこで子どもの心を破壊してしまう。

親の子どもに対する甘えには、常に隠されたものがあることが問題なのである。たとえば子どもに手をかける時期と、手をかけないでいい時期とがある。いや手をかけてはいけない時期がある。

子どもに甘える母親は、手をかけなければいけない時期には、めんどうくさいから手をかけない。そして手をかけない方がいい時期になって手をかける。このときに子どもに手をかける母親が、子どもに甘えているのである。それに応えるのが「良い子」なのである。

つまり、手をかけてもらわなければならない時期に手をかけてもらわなくてもいい立派な子どもを演じる「良い子」もあれば、手をかけない方がいい時期に、手のかかる子どもを演じる「良い子」もある。

いずれにしても従順な「良い子」は淋しい。そして淋しいと感じることも禁じられている。「良い子」は自分で自分が頼りなく、心のなかは無力感に囚《とら》われている。だから、親や周囲の人から無視されることや不機嫌な顔をされるのが怖い。

他人の期待に応えようとして生きると「自分」を失う

従順な「良い子」は、自分が知らない怖い動物に囲まれているように感じて生きている。そこで他人の欲求に敏感になる。他人の期待に応えようとする。

他人の期待をかなえることが、自分の人生の意味になってしまった人は、自分の欲求を明確にすることができない。他人の期待をかなえるために「山登りが好きです！」と言うが、実は山登りは好きではない。

やがて「自分は何がしたいか」ではなく、「相手は自分に何を期待しているか」をかぎ分けるようになる。やがて、自分も他人も嫌いになる。他人の期待に応えるためにしていることがすべて嫌いになる。

「良い子」が富士山に登ったとする。しかし、本当に登りたいのは富士山ではない。だから、山に登っても登っても、登ったという実感がない。つまり、「良い子」は努力をしても努力をしても、生きているという実感がない。

自分の喜びの体験より、他人からの是認の方をいつも選んできた人は、ついには喜びの体験そのものができなくなるとマスローは言っているがその通りであろう。

「良い子」は、小さいころから親の七色の感情に合わせて生きてきた。カメレオンみたいに、そのときそのときの相手の感情に合わせて生きてきた。フロムの言う同調主義者である。自分がない。

自分が感じるままに感じることが怖い。悲しいと感じれば喜ばれるときには悲しいと感じ、うれしいと感じれば喜ばれるときにはうれしいと感じなければならないからである。

「良い子」は、相手が期待するように感じようとする。「良い子」は、ここではこのように感じるものと決め込んでいる。そのような親に従順に忠誠を誓っている「良い子」は、いきいきとした感情を失う。

親という名の「秘密警察」

子ども時代に家庭のなかで持つことを許されなかった感情があり、また持つとほめられた感情がある。たとえば、喧嘩《けんか》するとひどく怒られる。つまり、攻撃的感情は持つことを禁じられる。

しかし多くの場合、兄弟喧嘩は両方ともお母さんが好きだから起きる。そのお母さんがどちらかに行ってしまった。だから兄弟で争う。子どもは認めてもらいたい人がいる前で喧嘩をする。お母さんを嫌いな子は兄弟喧嘩をしない。そこでこうした喧嘩を禁じられれば、「好き」という感情にも障害が出る。

今、「多くの場合」と書いたが、親が好きでなくても、不公平に扱われたり、家族の誰かからいじめられたりすれば喧嘩をしたい。それを禁止されれば、無気力になるだろう。

あるいは、外の人をほめると、親からイヤな顔をされる子どももいる。つまり、親以外の人を尊敬する気持ちを持つことを禁じられる。そして、親だけを尊敬することを要求される。

親が子どもに尊敬を強要すると、子どもは仲間を尊敬しなくなる。親以外は誰でも同じ人間に見えてくる。普通の子どもは、小学校に入るころになると、ある子どもに一目置くようになる。そういうことが「良い子」にはない。

こうして許される感情、持つべき感情、そのようにつくられた感情で生きていると、生きている実感がなくなる。生きている実感とは感じるままに感じることができるところから生まれる。

「良い子」は、親の心臓と親の脳を移植した子どものようなものである。あるいは最新のボディーだが、エンジンは古いものを使っている車みたいなものである。国産車のボディーで国産車のエンジンではなく、国産車のボディーで外車のエンジンのようなものである。エンジンと車体とが違う。

「良い子」の場合、その子が何かを話しているが、その内容は別の人である心臓と脳が決めている。だから、自分に近い人が死んでも涙は出ない。その子はその子ではないのだから。

ロロ・メイは、「親の期待に添って生きることは、親からの賞讃や讃辞を得る方法であり、『親にとっての掌中の玉』であり続ける方法である」[(註8)]と述べている。

私たちは小さいころの重要な他者からの声を内面化してしまい、その声に支配されて、自分を否定するようにしか物事を考えられなくなってしまう。前に述べたように、ベンツはそれを「幽霊」[(註9)]と言っている。私たちは幽霊に支配されて生きているのである。

今、「良い子」のあなたは、自分がこの現実と接していると思っている。しかしあなたの何がこの現実と接しているのだろうか。あなたの心は、現実と接してはいないのではないだろうか。

あなたの心は、秘密警察に捕らわれて何年もの長きにわたって地下の暗い部屋に入れられている人と同じと考えてもいい。そういう人の話を聞くと永年の間には、次第に現実と接することができなくなると言う。そこから出てきたときには、人とふれあうことができなくなっているという。

あなたの身体は、自由にこの世の中を動いている。しかし心は、秘密警察に捕らえられて、地下の牢屋に入れられているのである。まず、その心を牢屋から出さなければならない。

親はあなたにとって、秘密警察のようなものではなかったか。ベンツは幽霊と言うが、私は秘密警察と言ってもいいと思っている。

〝好かれたい〟中毒

「良い子」は、自分はそのままでは好かれない人であるというイメージを持っているから、無限に人に好かれようとする。実際の自分は、愛されるに値しない人であると感じているから、無限に愛されようとする。

そして愛されたり、尊敬されたりすることで、人から自分を守ろうとしている。すると、どうしても実際の自分の願望を裏切ることになる。そして、その行為が行きすぎる。「好かれ中毒」「愛され中毒」「尊敬され中毒」になってしまう。「好かれ中毒」「愛され中毒」「尊敬され中毒」は、他の中毒と同じようにいつも不安である。

アルコール中毒が、いつもアルコールを飲んでいないと不安になるように、これらの中毒患者もいつも愛されていないと不安なのである。麻薬中毒患者が、麻薬を得るために体を売るように、「愛され中毒」「尊敬され中毒」も、それらを得るために自分の心も体も売ってしまう。その結果が自己不確実感なのである。

麻薬中毒患者が、どんなに麻薬を使っても結局は救われないように、「好かれ中毒」「愛され中毒」「尊敬され中毒」も、どんなに好かれ尊敬されても救われない。そして、麻薬中毒患者が、麻薬が切れると生きていけないように、「好かれ中毒」「愛され中毒」「尊敬され中毒」も、愛や尊敬を失うと生きていけないような気持ちになる。

だからこそ、病気になるまで無理をして「良い子」を演じるのである。そして大人になれば、強迫的に名誉を求める。しかし名誉、財産、賞賛などは手に入らないことが多い。人は欲しいもの、求めているものが手に入らないときに不満になる。だから「良い子」は大人になればいつも不満である。

愛情飢餓感があまりにも強い「良い子」は、自分の感情を見失うまで他人の期待に応えようとする。大学生になったときには、もう自分が何を望んでいるかも分からなくなっている。

目的のある子どもは、必要な数のクレヨンしかとらない。

目的のない子は、クレヨンをたくさんとる。

社会人になると、そこで上司や同僚に評価され、受け入れてもらうために、無理をして働きすぎ、燃え尽き症候群になるビジネスマンがいる。

そういう自己喪失した人々は、「これをしよう」という欲求も目的もないからますます人に注意が行ってしまう。そして他人の好意で自分を守る。生産的に生きているときには、人に対して自分を守らない。

〝自分〟に気づけば道は開ける

好かれたい、愛されたい、ほめられたいから、人は自分の本性を裏切る、というウルフの例をもうひとつ出そう。ドングリはカシの木になる。オタマジャクシはカエルになる。(註10)それなのに、オタマジャクシがカエルになることを拒否すれば生きていかれない。

ウルフは、女の子どもが父親に気に入られようとして、ゴルフをして男の子になろうとする症例をあげている。そうした女の子は、ノイローゼにならざるを得ない。

そしてこのように自分を裏切り続けるから、何をしても面白くない。自分を裏切ることをやめさえすれば、道は開けるのである。

もう一度イソップ物語風に説明をしてみる。

自分がネコであることを知らないネコが、イヌのまねをしました。しかし、イヌのように楽しく遊べませんでした。

そこで、ネコはキツネのまねをしました。やっぱり面白くありませんでした。そこにネコが来ました。ネコのまねをして遊びました。すると、今度はとても面白く遊べました。「ネコさんはいいなあー」とネコは思っていました。

「良い子」も、実際の自分に気がつけば道は開けるのである。

「自分が何をしなければならないか、これが重要である。人がどう思うかではない。現実の生活においても知的生活においてもこの規則は、偉大さと卑しさを分けるものである」とアメリカの心理学者シーベリーも言っている。

悩んでいる「良い子」は、他人の期待に「私はそういう人間ではありません」というひと言が言えない。シーベリーは、悩んでいる人は「私はそういう人間ではありません」というひと言が言えないという。

「良い子のネコさん」もひと言、「私はイヌではありません」と言えれば救われるのである。

文句で気持ちがおさまっていく

「良い子」は大人になっても、好きなことがないと同時に好きな人もいない。親しい人がいない。

原因は二つある。

ひとつは、「自分の喜びの体験より他人からの是認の方をいつも選んできた」（マスロー）ことによって、他人が嫌いになる。他人に認めてもらいたいから、不本意ながら喜びの体験を捨てると、その原因になった他人が嫌いになる。

もうひとつは、言いづらいことを言うくらいなら、自分自身が犠牲になることを選ぶからである。自分のしたいことを言って嫌われるのが怖いから、自分のしたいことも言えない。そして言えなかった相手を嫌いになる。

心の底に怒りがあり、すべてに不満でも、淋しいから嫌われたくなくて、思わず「いいよ」と言ってしまうのが「良い子」である。大人になっても、それまでの習慣でどうしても「ハイ」と言ってしまう。

父親は、仕事と子どもとの約束がぶつかった。そのときに二つの対処法があるだろう。

第一は、謝る。第二は、仕事をさぼって子どもとの約束を守る。

しかし、親子で心がふれあっていて信頼関係があれば、この二つの対処法ではなく、次善の策を考えることができる。理屈で説明しても分からない、小さな子どもであればどうなるか。

「お父さんはその日忙しいんだ」

「チェッ！　お父さんはずるいなー」

というような会話である。こう不満を言いながらも、親子で心がふれあい愛情関係があれば、問題は解決されていく。子どもは「チェッ！　お父さんはずるいなー」と言ったことで気持ちがおさまっていく。

父親は子どもと心がふれているから、「お父さんはその日忙しいんだ」と言える。そして子どもも父親と心がふれているから、「チェッ！　お父さんはずるいなー」と言える。

しかし、この心のふれあいがなければ、子どもは感情を抑えて何も文句を言わない「良い子」を演じなければならない。親も仕事をサボって約束を守る父親を演じなければならない。表面は解決しているけれども、肝心のもつれた感情が解決していない。文句を言った子どもは翌日には、気持ちがスッキリしている。しかし文句を言わないで「良い子」を演じた子どもは、心の底にわだかまりが残る。

よく社会的な大事件を起こす「無口でおとなしい少年」も、心の底では怒っているのに、人前に出ると心ならずも相手に従ってしまっている。このことを周囲の人は気がついていないで、従順で「素直な良い子」と言ってしまう。

イヤと言えない。期待に応える良い子。

他人の期待に応えることが悪いのではない。他人の期待に応えることは、社会生活上大切なことである。しかし問題は、やはりその動機である。他人から悪く思われることの恐怖から他人の期待に応えるのか、他人への思いやりから他人の期待に応えるのか、それはものすごい違いである。

他人への思いやりから他人の期待に応えようとする人は、自信のある人である。しかし、他人から悪く思われることを恐れて他人の期待に応える人は不安な人である。

「良い子」は嫌われることを恐れている。拒否された場合には落ち込んでしまう。拒否されることで、心理的安全が脅かされる。そして、拒否されるのではないかと、いつも心配している。

真面目な性格にしろ、明るい性格にしろ、他人からの好意を求めるためにつくられた防衛的な性格の人はいつも心配している。

この拒否されることの恐れのために、「良い子」は何事も我慢する。イヤと言いたいけれども、この恐れのためにイヤと言えない。

「良い子」は、「どんな犠牲を払っても平和を」という鳩みたいな存在である。夫婦の場合、これを鳩型夫婦というとアメリカの本で読んだことがあるが、「良い子」の場合、親子が鳩型親子関係になっている。

鳩型親子関係の子どもの方は、自分で無理やり良い子になろうとしている。言いたいことも言わない。その我慢をすることから、親に対する不満が生じてくる。その不満をまた表現できない。そこで不満だけれども、どうすることもできなくて、黙り込んでしまう。

言いたいことが言えずに無口になる心理

河合隼雄氏の著作(註11)に次のような話が出ている。

ある学校恐怖症の中学生である。母親と伯母が同居している。この伯母は、大きいお母さんといわれている。経済的にも商売でその家を支えている。父親も頭が上がらない。

そしてこの少年は家出する。そして「下宿させてくれれば学校に行く」と言う。伯母さんは反対する。しかしそれに対してこの少年は、この家では言ってはならないことを言う。結婚もしていないお母さんなんてあるかと。少年は下宿し、伯母さんは寝込む。

しかしある日、少年は家に帰ろうと思う。伯母さんに会いたいと思う。なぜ少年の気持ちはこう変わったのか本には説明されていないが、それは、この少年が言ってはならないことを言ったからである。大きいお母さんというのは一体なんだと言ったとき、少年に優しさが出たのである。

同じ著作（註12）にあるヒステリー患者の話が出ている。その女性は上着の埃《ほこり》が払われるのを見ると、どうしてか分からないが、不愉快である。なぜか？

彼女は父親から殴られたことがあるからである。しかし、彼女は悔しくても反抗できない。それが核になってコンプレックスができているという。

いわゆる「良い子」は男であれ、女であれ、父親に殴られても反抗できない。そこで父親への憎しみを心に蓄積していく。

しかし、もし父親に殴られたときに、この父親に向かって「人殺し！」と叫べれば、翌日は父親に優しくなっていたかもしれない。

父親が暴力を振るう。

子どもは許せない。

その時に閉じこもるから父親を嫌いになる。

次には父親ばかりではなく、人間嫌いになる。

その感情を吐き出していたら、父親にも他の人にも優しくなれた。

でも、自分の感情を吐き出せる人と、なかなか吐き出せない人といる。

吐き出せない人が「良い子」なのである。

よく事件を起こした少年について無口だったという。無口な人は言いたいことがないわけではない。もともと言いたいことはたくさんある。しかしそれを表現できない。

鳩型親子関係にあって、子どもは攻撃性を自分に向ける。つまり怒ることに罪の意識を持つ。罪悪感のとりこになっている。鳩型親子関係にあって、子どもは自分の憎しみを親にぶつけてしまいたいが、それで嫌われることが怖い。誰よりも親から愛されたいとも望んでいるのだから。

そして、無理に他人に迎合すると、何ごとにも確信を欠いてくる。何ごとにもくよくよするようになる。「良い子」のその弱さが、外でいじめられることの原因にもなる。

鳩型親子関係のなかで育てられた子どもは勘違いをしている。うまくやっていくために従順になるほうがいいと思っている。服従するほうが、相手の好意を獲得できると思っている。

そのために周囲に不満で支配的な人を集めてしまう。自分の立場や考え方を主張することで親しい関係ができるのだが、小さいころからそのようには育てられてきていない。だから友だちに自分の立場や考え方を主張しても、不安を感じる。

「イヤだよ」と言えたとき、僕はお母さんに甘えてる。

もう一度「イヤだ」と言えたとき、お母さんが好きになる。

そして、もう一度「イヤだ」と言ったとき、

僕は本当にお母さんの子どもだよね。

本来の自然な子どもは、「嫌い」と言える。そして子どもが「勉強が嫌い」と言うときには、嫌いと言うことで母親を困らせようとしているときがある。つまり、親に愛情を求めている。

相手に拒否されることが怖い、もうひとつの理由

「良い子」は小さいころから料理を食べると、「おいしい？　おいしいでしょ！」と言われて育ったのであろう。母親が、自分の料理のうまさを子どもに売り込む。子どもは、感謝と賞賛することを要求される。母親による「親子の役割逆転」である。

ここで「うるせーなー、おいしけりゃ言うよ」と言える子どもなら問題はなかった。しかし「良い子」はそう言える子どもではなかった。

そう言えない生まれもった性質と、育った環境から「良い子」になり、最後はうつ病になったり非行に走ったり、ノイローゼになったりしたのであろう。

そして成長して結婚をし、奥さんから「ビール、おいしい？」と言われると、どうしても「おいしい、おかげさまで」と言わなければならないような気持ちになる。そして、何となく不愉快になる。子ども時代の不快の気持ちの再体験である。そうなると、何も人からしてもらわないほうがよくなる。

「良い子」は、単純に他人の親切に接しても、不愉快になることさえある。心に負担

を感じてしまうからである。もし、料理をつくる奥さんが、家族に感謝を要求するのではなく、おいしく食べてもらいたくてつくって、「どうだった？」と聞いても、不愉快に感じてしまう。「これ、おいしい？」という言葉が、心のなかで子ども時代の不愉快な体験と結びついているのである。

「良い子」は、好かれるために期待に応えようとするという場合もあれば、期待に負けるという言い方が正しい場合もある。淋しい場合には、期待に応えて受け入れられようとするし、もともとが弱い性格の人は期待に負ける。

ところで、なぜ「良い子」は、自分の不満を表現できないのであろうか？　なぜ拒否されることが、それほど怖いのだろうか？　それは、孤独だからとこれまでに説明してきた。

「良い子」は、相手を傷つけることで嫌われることを恐れている。あるいは、怒ったら相手を傷つけないかと恐れている。「良い子」は拒否されることが怖いから、好きだと言ってくれる人についていく。自分から人を好きになるということがほとんどない。誰とつきあうかは、そのときの状況に押し流されて決まる。

しかし、拒否されることが怖い理由には、孤独以外にもうひとつある。それは、相手に対する「しがみつき」である。正確に言えば、嫌いで信用していない相手に対するしがみつきである。

相手が、本当の自分を知ったら拒否すると思っている。そして相手が好きではない。好きではないが、相手に心理的に依存している。

拒否したら相手を傷つけないかという恐れは、優しさや依存性を表しているが、同時に加害恐怖でもある。つまり、心の底に攻撃性があることを表している。加害恐怖とは、テレンバッハの出している概念であり、相手を傷つけはしないかということを、ことさらに恐れる心理である。そういう人は、心に攻撃性がある人である。

つまり、「良い子」は無口で従順に見えるが、心の底に攻撃性がある。

なぜ、いい子ほど心を病むのか

先に、「自分の感情を見失うまで他人の期待に応えようとする」と、自分が何を望んでいるか分からなくなるということを書いた。この心の不快感を、体に置き換えて考えるとよく分かる。なぜ、「良い子」の心が病むのかを体に置き換えて考えてみる。

「ある食べ物」を食べると、じんま疹が出るとする。親が、この食べ物はおいしいから食べなさいと言った。好かれたいために食べる場合もあれば、何となく親の要求に押されて食べる場合もあるが、いずれにしろ、自分が食べたいと思って食べるわけではない。自分の意志で食べるわけではない。親の期待に応えるために食べる。

そして、じんま疹が出る。しかし「良い子」は、親から嫌われたくないから、「おいしい」と言って食べる。

食べるごとに、じんま疹はひどくなる。はじめのじんま疹が治らないうちに、同じものを毎日「おいしい」と言って食べている。そして、その「良い子」は、じんま疹が出た体を当たり前と思う。そして、体中に吹き出物が出る。それでも、その食べ物を食べ続けているようなのが「良い子」である。

そして、なんで他の人は吹き出物が出ないのだろうと思う。なんで自分と違っているのだろうと思う。それは、他の人がその食べ物を食べていないからであるが、それが分からない。

吹き出物でどうにもならなくなった体が、病んだ心である。そこには、もはや自分の意志で自分の人生を選び取っていこうとする意欲も意志もない。人は、心の底の怒りを抑えて迎合すると元気を失う。

「良い子」は、そのときそのときの状況に流されていく。押されれば押されるし、引っぱられれば引っぱられる。権威が恐ろしければ、権威に従順にもなる。誰にも分からなければ、外の誘惑にも負けるし、内の誘惑にも負ける。怖いものがないときには、殴りたくなれば殴ってしまう。

「良い子」というのは、親の言うことをよく聞く従順な良い子ではあるが、もっと一般的に言えば、そのときの力関係でそうなっているだけである。つまり、たまたまそのときには親が力を持っているということである。

「良い子」は、自分の意志で相手の言うことを聞いているわけではない。自分の意志で勉強しているわけではない。

第4章

親子の気持ちは、どこですれ違ってしまったのか

「人によく思われたい」という気持ちはどこから来るのか

自分のしたいことと、人から良く思われるかどうかが一致しないことがよくある。「良い子」にとって大切なのは、人に良く思ってもらうことである。だから、「良い子」は人に良く思ってもらうために、自分のしたいことをあきらめなければならない。「良い子」は、大人になればなったで、「よく練れた成熟した人」「優しい人」「上品な人」「知的な人」「温厚な人」「わがままではない人」「博愛の人」などなどと、人から思ってもらいたい。

そうなると、言いたいこともポンポンと言えない。自分の感情や意志を素直に言えない。ポンポンと言うことで、今述べた自分のイメージに傷がつくことが怖いのである。言いたいことをポンポンと言うことで、低く評価されることを恐れているからである。

日常生活でも、本当はたくさん食べたいのに、相手が「お腹がすいていないから、簡単にすまそう」と言うと、不本意ながら「そうしよう」と言ってしまう。そして簡単な食事ですませる。その結果、面白くなくなる。

そのような日常の些細《ささい》なことの積み重ねで、「良い子」は周囲の人を嫌いになる。

「良い子」は、現実の自分に興味と愛情とがあるのではなく、他者のなかにある自己のイメージに関心があるから、思ったことが言えない。

「言いたいこと」というのは、「現実の自分」の欲求である。言いたいことが言えないから、感情がいつも、うっ積《せき》している。「良い子」は、プラスの感情もマイナスの感情も吐き出せない。

もしあなたが、自分は「良い子」だと思うなら、直接吐き出せないときには日記にでも何にでもいいから吐き出すことである。

「良い子」が何をするにも、何を言うにも、他人のことが気になってしまうのは、その他人が自分をどう思うかが大切だからである。だから、自分のしたいことがあったとしても、できない。「現実の自分」を大切にするよりも、「他人が思っている自分」を大切にするからである。それが「良い子」である。だから「良い子」は生きづらい。

「良い子」は、人に良く思ってもらうために、自己実現を放棄してしまった人である。

結果は、自己不確実感に苦しむことになる。心理的に不安定になる。

「子どもに望むこと」≠「子どもが望むこと」

また、自分のしたいことと、人に良く思ってもらうことが一致したとしても、相手から期待したほど評価してもらえないときがある。

そのときの反応は人によって違う。怒る人もいるし、落ち込む人もいるし、反発する人もいる。期待しただけ賞賛が得られないので、「相手そのものを否定」する人もいる。

アメリカのサンディエゴの郊外のランチョサンタフェというところで、ヘヴンズ・ゲートというカルト集団の三十九人が集団自殺した。集団自殺したヘヴンズ・ゲートの人たちの心理は、「相手そのものを否定」である。

彼らは、世の中から評価されることが何よりも大切であった。そこで真面目に生きてきた。しかし、求めるだけの評価が得られない。そこで社会全体を否定してしまう。

ところで、「したいこと」と「人から良く思ってもらうこと」が一致している場合がある。それは、親が情緒的に成熟していて、かつ子どもがその親を好きな場合である。また社会的にそういうことが可能な環境であるなど、いろいろの条件が整えば、親の期待と自分のしたいことが一致する。

しかし現実には、これはなかなか難しい。親も人間だし、地上に理想の社会などないからである。

すでに述べたように、したいことと親の期待が、あまりにも矛盾する場合には、子どもは親を嫌いであるし、親は自己中心的なことが多い。

また親の、子どもにこうしてほしいという要求が強すぎる場合がある。たとえば、自分が周囲に自慢できる子どもに育ってほしいなどという期待が大きすぎる。このような場合には、どうしても先の二つは両立しない。そこで一般的に「良い子」はどうしても心の底で親に憎しみを持つ。

小さな〝すれ違い〟からストレスがたまるプロセス

真面目な人が、憎しみを持つプロセスが理解しがたいと言う人がいる。なんで真面目で従順な少年が、そんなに敵意を持つのだと言う。憎しみを持つプロセスを、少年ではなく、中年の主婦で考えてみると分かりやすい。

四十歳の主婦が「五年ぐらい主人とギクシャクしているんですよね。もう家庭内別居みたいなんですよ」と相談の電話をかけてきた。

彼女はご主人と顔を合わせたくない。夜も朝もご飯ができると、「ご飯ができました。適当に食べてください」と言って、自分の部屋へ引っ込んでしまう。ご主人は、朝もひとりで食べて出ていく。ご主人と一年以上、一緒に食事をしていない。

三年前に手術をしたときに、優しい心づくしがなかったというのがその憎しみの理由である。「それまでは私は我慢してきました」と彼女は言う。

「夫婦喧嘩も好きでないので、子どもの前でも十年も喧嘩をしませんでしたしね。私が我慢すればいいや、いつもそう思ってました」

それなのにご主人から「お前が悪い」と言われた。そこで「私は何なのだろう」と彼女は思う。

彼女は我慢しながらも、ご主人が自分を理解してくれることを秘かに求めていた。さらに言えば、実は彼女は「私はこんなに我慢をしているのよ」と、罪悪感を持つことをご主人に要求しているのである。

ところが逆にご主人は罪悪感を持つどころか「俺ほどいい旦那《だんな》はいないはずだ、少しは世間を知ってこい。俺は真面目だし……」と言う。その言葉が気持ちにグサッときた。そこで、「ああ、許せないという気持ちになってしまった」。

しかしその「許せないという気持ち」を、彼女は表現はしない。そして後で憂うつになってご主人に復讐《ふくしゅう》するのである。少年たちも憂うつな顔をしているときには親に復讐しているということを親は分かっていない。

真面目な少年も、これと同じ心理的な過程を経て、両親に憎しみを持つ。このストーリーにそって言えば、夫の「お前が悪い」とか、「俺ほどいい旦那はいないはずだ、少しは世間を知ってこい。俺は真面目だし……」という言葉と同じようなことを、親はどこかで子どもに言っている。

子どもががんばって、ほめられると思ったときに、逆に親から「なんで、これくらいしかできないのか」などと言われた。

あるいは憂うつな顔をして、親に罪悪感を抱けと密かに要求しているときに、「こんないい家庭環境で、少しは世間を知ってこい」というようなことを言われたとしたらどうなるか。

この主婦と同じように「ああ、許せないという気持ちになってしまった」となっても不思議ではない。

あるいは、少年が病気になったときに、この主婦が手術をしたときと同じように、優しい心づくしを親に求めたけれども、それがなかったなどということもあろう。

従順な少年は、この主婦と同じように、その場その場で怒りを表現できないで怒りをため込んでいったのである。

ため込んだ感情が憎しみに変わる

なんで真面目な息子が親を憎むのだ、どうしても分からないという疑問を持つ人に、もうひとつ例をあげよう。そういう人でも、女が男を憎むという話ならすぐに分かるであろう。

夫の愛人問題で悩んでいる四十四歳の主婦である。半年前に夫の父が死亡した。夫は出張中であった。そこで出張中の夫に連絡をとったら、夫はいるはずのところにいなかった。会議とゴルフのコンペのはずだったので、常務のところに電話して聞いたが、あまり要領を得なかった。

帰ってきてからなぜ嘘をついていたのか問いただしても、あまりよく説明しない。イヤな顔をすると、家庭が不愉快になり相手の方にますます気持ちが行ってしまう、と奥さんは我慢する。「見捨てられる不安」を持つからである。「愛人の方が良くなっては困りますから」と言う。奥さんは、とにかく家庭を壊したくない。

彼女はすべてを夫に頼りきっている。依頼心が強ければ強いほど、嫉妬の感情に苦しめられる。彼女は嫉妬に苦しみ、憎しみのなかでどう生きたらいいか分からなくて悩む。

「私ひとり我慢すればいい。家庭を楽しくしようと辛抱すればいい。私は今の生活を壊したくない。だから我慢して、がんばるしかない」といった言葉は、奥さんの依存性が、美徳の仮面をかぶって登場してきているのだ。これらの言葉と一体になっているのが、「今まで二十年間主人を頼って生きてきましたものですから」という言葉である。

「主人が、お前の一番の望みはなんだ、どうしたいんだと言うので、私が一番望んでいることは、相手の女性を殺して私も死ぬことですと言いました」と言う。

この奥さんの情緒的未成熟は別にして、誰でもこの奥さんの「殺したい」ほどの憎しみは分かるだろう。

この奥さんが夫への依頼心を持つように、息子は親への依頼心を持つ。この奥さんが夫から「見捨てられる不安」を持つように、子どもは親から「見捨てられる不安」を持つ。そしてその不安ゆえに、奥さんが憎しみを抑えて我慢するように、子どももその不安ゆえに憎しみを抑えて我慢する。

夫は奥さんがイヤがることをしている。つまりこの夫は、奥さんに甘えている。同じように親は子どものイヤがることをする。子どもの方が親の気持ちを察して動く「親子の役割逆転」は子どもには辛い。それは子どもがイヤがることである。役割逆転をする親は、子どもに甘えている。

父親は会社でがんばって働いた。疲れて家に帰って子どもから感謝の言葉を聞きたいとすれば、それは親子の役割逆転である。子どもが外でがんばって家に帰ってきた。「よくがんばったわねー、偉いわねー」と言うのが親である。

子どももこの奥さんも心の底では暖かい愛情に飢えている。そして独立への恐怖を持っている。

このような女性は、暖かい心の交流を求めるあまり、人との関係を断ちきれない。苦労することでしか、この男とつながっていないが別れられない。子どもも同じである。

そして、こうして憎しみを持った少年は、何かあると事件を起こす。その憎しみをコントロールできるまでに自我が成長していない。

対立を恐れる者は憎しみを持つ。少年が憎しみを持つと驚くが、考えてみれば驚くに当たらない。

ある四十歳の主婦である。彼女は体の調子が悪いのに、ご飯のしたくをしている。

それなのに、夫は平気でサークル活動している。そこで彼女から見ると夫は、「相手の気持ちをくみ取ってやろうということがまったくないんですよ」ということになる。

彼女はそれが面白くはなかったが、その場その場で夫に怒りを表さなかった。彼女は、「五年間いつも不本意ながらも譲歩してきた」と言う。そして怒りをため込んでいたのである。次第に夫が嫌いになっていったし、その怒りを抑えたことで、憂うつになるときも多かった。

そこである日突然、「この人とこれから先も気持ちが合わないんだ」と考え出す。しかし、もともと気持ちが合わないのではなく、自分の気持ちをその場その場で素直に表現しなかったので「気持ちが合わなくなった」のである。

もし彼女が、その場で怒りを表していれば、それほど夫を嫌いになることもなかったし、憂うつになることもなかったのである。

「自分はいさかいするのが嫌いだという気持ちが強いもので」と自分の弱さを美化する。

彼女は対立することができない。不本意ながらも、相手の言うことに従う。

彼女は「あの人は思いやりがない」と後になって非難する。しかし、後で非難するより、その場で、「私は思いやりが欲しい」と言えばいい。しかし、それは言わない。

突然、不満が爆発して暴走してしまう真面目な「良い子」も、この主婦と同じであろう。自分の気持ちをくみ取ってもらいたい。思いやりが欲しいが、思いやりが欲しいと言えない。

「良い子」はいつも不本意ながらも譲歩している。いさかいするのが嫌いだから自分の気持ちを表現できないのだ。

第5章
挫折していく「いい子」たち

真面目な「良い子」は長い人生のなかで、社会を驚かす犯罪ばかりではなく、さまざまな形の挫折をする。少年時代をやり過ごしても、大人になってからの挫折が待っている。その大人になってからの日常生活における挫折の心理は、少年の時代に、社会を驚かすような犯罪をおかす心理と同じなのである。

優しさの裏側で

「信じられないほど素晴らしい男性」という評判で、彼女は見合い結婚をした。ところが結婚してみると、夫は異常なほど嫉妬深かった。

夫は「家の女房には男がいるから見張っていてくれ」と、同じアパートの人に頼んだり、手紙の書き損じをゴミ箱から拾ってきて調べる。同じアパートの同郷の学生がボタンをつけてくれと頼みにきたりすれば、すべて関係があると思い込む。セールスが来ても、お前の男だろうと言う。お化粧すれば男がいると言う。すべてを疑いの眼で見る。

夫の同業者とも話ができない。同業者が「おたくの奥さん、感じがいい」と言うと、つきあっていると受け取ってしまう。

彼女ははじめ、それを愛情と思ってきた。しかし、愛情ではなくて、嫉妬以外の何物でもないと分かってきた。さらにその嫉妬の矛先《ほこさき》が、「他人なら耐えられるけど、自分の息子になってきたので、耐えられなくなった」と彼女は言う。

息子が社会人になった。すると自分の子どもを自分の子どもと見ないで、男性と見るようになった。息子は真面目に働いている。夫は出張から息子が帰ってくると怒る。何も関係ないから「辛くて辛くて」と彼女は泣き声になる。

息子が何か言えば、「お母さんとわいせつ行為しながら、何偉ぶったことを言う」と怒る。息子を階段から突き落とす。そして修羅場になってしまう。

しかしその夫は、外では真面目である。「同業者に対しても、すっごく優しい」と彼女は言う。同業者は「ものすごく朗《ほが》らかで、いい人で、家族に当たるなんて、とても考えられない」と言う。「ご近所の人に朝の挨拶もにこやかにきちんとしますし」と彼女は言う。

そこで彼女が誰かに相談すれば、そんなこと考えられないと言われて、「私が惨《みじ》めな思いをするだけ」と嘆く。この夫のような人のことは、「釣りに行こうな」という程度のつきあいではなかなか分からない。

夫の朗らかさは、「自分の不安を隠すためだけの朗らかさ」である。このような性格を「防衛的性格としての朗らかさ」という。人の本質は、遠い人ではなく、近い人に表れるということを理解しないまま、見合い結婚したことが彼女の不運であり不幸である。

無理をして真面目に振る舞う人というのは、長い人生のどこかで何らかの形で生活が破綻《はたん》していく。

彼らの攻撃性が、他者にストレートに向かうときもあれば、受け身的攻撃性といわれる嫉妬になるときもある。受け身の人は、この夫のように嫉妬という形で攻撃性を外に向ける。

私たちは少年犯罪のような派手な挫折に気を奪われがちだが、同じ心理による挫折は、社会のさまざまなところで起きている。嫉妬などによる人間関係の破綻は、その典型的な例である。

真面目人間の不満

日本では真面目ということに、全面的な信頼感を寄せる人が多い。

今度は、真面目なんだから、ということで、養子縁組をして結婚をした女性である。

彼女は、いつも養子をとらなければと考えていた。そして、それを納得してくれる人と恋愛結婚をした。「きっと性格の違う人の方が良いのではないかと考えて、おとなしくて真面目で、養子ならこういう人の方がいい」と思い、気が弱そうな男を選んだ。「とにかく真面目な性格の人の方が安心だし」ということで、養子縁組をして結婚した。

ところが結婚してみると、素面《しらふ》で言えないことを酒を飲んで言う。

「結婚して半年くらいしてから性格がまったく合わないと分かりました。お酒を飲むと暴れる、自分はこの家の〝もの〟ではないとすねたり、部屋にこもって鍵をかけたり、長男を連れて夜に家を出ていったり、もう気持ちが暗くなるばかり」

だんだん彼女の方も、もうほうっておけばいいと考え出し、夫は夫でだんだん閉じこもり始めた。そして離婚。

しかし夫は離婚しても、十歳の男の子と一緒に彼女の実家にいる。離婚しても養子離縁はしない。

この女性のように真面目な人をそのまま信じる人が多いから、真面目な少年が犯罪をおかすと「なんで？」と驚くのである。この夫も酒を飲んで暴れているから、犯罪まで行かないが、それを禁じれば何をするか分からない。

防衛的な意味での真面目な人の不満はどこかでなんらかの形で表れてくる。

「分裂した自我」と「家庭崩壊」の関係

いわゆる真面目な「良い子」は犯罪ばかりではなく、さまざまな形で挫折している。少年のときに犯罪をおかさなくても、大人になり結婚をして問題を起こす。真面目さの後ろに隠されている心理は、現在の日本の家庭崩壊の大きな原因のひとつである。表面の言動の真面目さが抱える問題は深刻である。

四十五歳の奥さんが「主人がすごく怒りっぽいんです」と泣き声で訴える。結婚して十五年、いつも喧嘩していたと言う。ご主人は少しでも気に入らないことがあると「出ていけ、お前みたいな奴は出ていけ」と怒鳴る。そこで「私は我慢、我慢」で生きてきたと彼女は泣き声で話す。

とにかくちょっとしたひと言で、殴る蹴る、夜も帰ってこない。食事も家でとらない。帰ってきても、その後は一週間も二週間も黙って口をきかない。何を言っても返事をしない。

ところが皆は、そのご主人のことを「真面目で、優しいですね」と言う。事実、会社では真面目人間なのである。周りの人はご主人のこの極端な態度の違いに気がつかないで、ご主人のことを良く言う。ご主人はお酒を飲んで酔っぱらうということが絶対にない。几帳面《きちょうめん》、細かい、仕事熱心、趣味なし。

ご主人はおそらく心の底に敵意を抑圧し、それを表に出さないための防衛策として真面目な人なのである。その心の底の敵意が、最も近い家族に向けて出てしまう。

「私と子どもに当たる」と奥さんは泣き声を出す。

ちょっとお金を遣っても、無駄遣いをしたと怒る。「分かりました。もう致しません」と言っても、二時間も三時間も、昔のことから始まってぐずぐず夜中まで責め続ける。

「本当にもう、私、食事も喉を通らない」

このご主人のように、他人から注目を得るための、あるいは認められるための真面目さ、つまり真面目が手段になっている真面目さは、心配や恨みと結びつきやすい。

このような人の話をすると、よく誰だって家にいるときと外にいるときでは違う。誰でも内面《うちづら》が悪いという人がいる。確かにその通りである。しかし、この例のような人の場合と普通の人の内面の悪さとは違う。このような人は、家にいてホッとするからわがままになるというのではない。

この例のような人は、自我が分裂しているのである。ひとつの人格が、緊張しているときとホッとしているときに違った面を見せるというのではない。成長の過程で、違った自分を自分のなかにつくってしまったのである。

そして、冷たい自分と優しい自分とが統合されていない。悪い自分と良い自分が統合されていない。成長の過程で、愛情のない厳しい教育で、「悪い自分」が自分から排除されてしまったのである。

しかし、その排除された自分がなくなるわけではない。その人のなかに、「悪い自分」は残っている。

そして、その残っている自分が、大人になって、近い人に向かって表れてくる。愛情のある育てられ方をした人は、その悪い自分は満足させられ、解消している。悪い自分とは利己的な自分であり、自分勝手な自分であり、自己中心的な自分であり、冷たい自分である。

愛情のない親に育てられれば、それらは厳しく罰せられる。そして、それらが自分のなかにあることを許されない。そして、そこで生きることを許される自分の意識からは排除される。その人は、許される自分と許されない自分の二つの自分を持って生きていく。

そして、成長の過程で許されなかった自分が大人になって、近い人に向かって爆発する。だから、奥さんや子どもはたまらない。

愛情のある親に育てられれば、それらは子どもには自然なものとして受け入れられ、そして満足して解消されていく。少なくとも、ひとつの人格のなかに統合される。

次の奥さんも、分裂した自我を持って生きている。今度は、ご主人がその犠牲者である。

責められて育った人は、責める大人になる

遊びたい欲求を抑えて生きてきた真面目な奥さんである。自分はひとりで立派と思っているが、周囲の人はたまらない。

三十一歳の真面目な妻である。「主人がマージャンばかりで家庭を顧みない」と奥さんは言う。それが、現在の家庭不和の原因と彼女は主張する。「夫は遊びがかなり激しかった」と、ひとり娘として育った奥さんは言う。しかし、事実を詳しく聞いていくと、マージャンはせいぜい月に三、四回くらいである。

マージャンを禁止したら、今度は会社が終わってパチンコに行くようになった。給料は振込である。パチンコに行かないようにと、夫の小遣いはなんと一万五千円。それに食事代からタバコ代まで含まれている。

彼女は、夫の生活を変えさせようと、さまざまな圧力をかける。もともと夫が好きでない釣りを好きにさせようとしたり、服の趣味を変えさせようとしたりする。そのことで夫は、ますますストレスを強くする。その結果、いよいよパチンコがやめられ

なくなる。

この夫は、自分の結婚生活には救いがないと感じているのではなかろうか。そしてその将来の絶望から逃れるために、パチンコにのめり込んでいるに違いない。相手から圧力をかけられて、言いなりになっている人は、心の底に恨みをためている。

彼女がこれほど夫の遊びに厳しいのは、実は、彼女自身が遊びたいからである。彼女はひとり娘で、親を喜ばすことばかり考えて、「素直で手のかからない真面目な娘」つまり、「良い子」を演じてきたが、心のなかは満たされていない。

彼女は遊ぶことなく真面目に働き、親から認められてきた。親からは認められたが、彼女は欲求不満な女になっている。そして自分の心のなかに、遊びたいという欲望があることを彼女は認めない。それゆえに、夫の遊びたいという願望を激しく非難する。ちょうど浮気をしたいという願望を持っている奥さんが、それを認めることを拒否して、浮気願望を夫へ投影する。そして夫が浮気をしようとしていると、夫を激しく非難するのと同じである。自分が怒っていることを認められない人が、「なぜあなたはいつも怒っているの」と怒って、相手を非難するのと同じである。

自分がケチであることを認められないケチな人が、他人のなかにケチな性質を投影して、激しく非難するようなものである。自分が臆病であるのに、臆病であることを認められない人が、ことさら他人の臆病な行動を見つけて激しく非難するのも同じだ。

「夫は遊びがかなり激しかった」と、夫の遊びをヒステリックに責めるこの奥さんは、心の底では自分が遊びたいのである。しかし、小さいころから親に認められようと勉強し、遊ぶことを「嫌って」きた。遊ぶことは「悪いこと」として自分の生活から排除してきた。

そのために、大人になっても、遊ぶことに何か罪悪感を持っている。

ベンツの著作に、「子ども時代のビジネスをすませていない(註13)」という表現が出てくる。まさに彼女は、子ども時代の仕事をすませていないのである。その結果が彼女の場合には、人への厳しさとなって表れている。

欲求不満な彼女は、子どもにも期待が大きすぎる。成績が良くないと、子どもを責める。それで子どもが情緒的に不安定になった。

彼女が子どもを責めるのは、自分が小さいころ責められて育ったからである。勉強しないと責められた。手伝わないと責められた。そうして育った彼女は、今度は母親になって、身近な周囲の人を責めているのである。責められて育った人は、大人になって周囲の人を責める。

これは虐待されて育った母親が、今度は自分の子どもを虐待するのと同じである。この虐待のサイクルと同じことが「責めるサイクル」である。おそらくこの彼女に責められて育った子どもは、今度は自分の子どもを責めるであろう。

彼女は、夫に対しても理想的な男性を求める。理想的でない夫を責める。「こんなに遊ぶとは思っていなかった」と夫を責める前に、「私は自分がこんなに遊びたがっているとは思っていなかった」と、自分に気がつくことが家庭平和への道である。

つまり、親に認められようと真面目な娘を演じてきたことが、実は今の家庭不和の本当の原因なのである。真面目であれば親から責められなかった。「良い子」であれば親から責められなかった。

「良い子」の挫折というのは、少年犯罪ばかりではなく、このようにさまざまな形で現代社会のなかに表れている。もしこの奥さんに責めることを禁じれば、この奥さんは無気力になるであろう。

衝動のタガが外れた人生の悲劇

あまりにも、生真面目な人で問題を起こす人というのは、長いこと楽しい体験をしてこなかった人である。人は楽しい体験をし、満足をして、自然と優しさが生まれる。気がついたら、人を思いやる気持ちが生まれている。

しかし、生真面目な人の意識の中心は、他人が受け入れてくれる自分を演じることであって、自分自身であろうとすることではない。だから楽しいことはなく、満足するということもない。彼らは、ありのままの自分に対する肯定的感情を失ってしまっている。

こうした生真面目な人は、相手との信頼関係がゼロである。そして自分の意志を貫いたことがない。その場その場で相手に合わせている。そのうちに自分の意志がなくなってしまっている。

従順とは、他人の意志に従うことである。したがって「良い子」のように、長いこと従順にしてきた人間は、自分の意志を持たなくなってしまう。最後には、自分の意志を持つことが怖くなる。

相手にとりいることで物事を処理する。相手にペコペコすることで物事を処理する。しかし自分を抑えたことの不愉快さは、心の底にこびりついている。自分の意志も思いやりの気持ちもない。

こうして不満や憎しみが、心の底に堆積《たいせき》していく。その不満が爆発して、犯罪などに走ったりすることもある。なかには犯罪のような反社会的な行動まではいかないが、さまざまな形の破滅的な行動に走る人もいる。


真面目な人間が、四十歳を過ぎて問題を起こすことがある。真面目人間が、人から認められるためにだけ自分の反社会的な衝動を抑えてきたが、それが限界に達するときがある。優しさがないから、いったんタガが外れると衝動を抑えるものがない。

夫に女性がいるのに、「夫と別れたくない一心」の四十二歳の奥さん。一年前から夫に女性がいるということは分かっていた。夫から「離婚してくれ」と頼まれた。「主人はその女性を愛してしまっている。私には手がつけられない」と嘆く。愛人は二年前からの部下。愛人も会社で夫の後輩と結婚している。三十歳くらいの女性だ。

夫は、土曜日に愛人に会いにいく。朝八時半くらいにそわそわして出かけていく。愛人は、子どもを幼稚園に送っていって、その後いつもの場所で会っているらしい。

「先日、私の母が急死したときに、金曜日に意識を失って土曜日に葬式だった」。そこで、彼女は夫に午前中、実家に来てほしいと頼んだ。しかし夫は、会社に書類を取りにいかなければならないので行けないと言う。「書類はその日でなくてもいいではないか」と頼んだけれどもダメだった。その足で来るということだったが、実家には十二時まで来なかった。

翌日、実家に行くのに車が必要になった。鍵がないので夫の洋服のポケットを探した。すると、土曜日のモーテルのレシートと手紙が出てきた。

これらのことで、彼女は耐えられなくなった。「私も決心した」と言う。愛人からの手紙には、主人以外には、ほかの男性は考えられないと書いてあった。愛人は「家にも一度来ました」。

夫は、子どもとも会話なし、妻とも会話なし。朝も食事してサッと行ってしまう。

「この愛人問題がバレたら会社をやめる。覚悟はできている」と言う。

「今まではこのようなことはなかったのですか？」と聞くと、女性問題など起こすとは全く考えられない超生真面目人間だったと言う。

「とにかく真面目で真面目で、四角四面でかたぶつで」

彼は今まで、自分を守るために真面目であった。家族を守るために真面目であったのではない。このように自分を守るための防衛的性格としての真面目な男性が、四十歳を過ぎて恋に迷うと、コントロールがきかない。

つまり私たちは、真面目というとなんでもかんでも良いと思うが、真面目であることそのものがいいわけではない。

おそらく彼は、小さいころ親の顔色を見て真面目にしていたのだろう。真面目というよりも自己不在といったほうがいい。真面目は行動で、心は自己不在である。他人に配慮はするが、自己執着的対人配慮である。自分がその人から好かれるために、その人のことを考えているにすぎない。相手の幸せのための配慮ではない。

彼らは好かれたい、ほめられたいから、無理やり自分の自然な衝動を抑えて、「良い子」になっている。その動機は、嫌われる恐怖、軽蔑される恐怖、見捨てられる恐怖などである。したがって、善意に振る舞ってもそれは、他人の拒否を恐れて、気に入られようと善意に振る舞っているだけである。

「昔の真面目なお父さんに戻って」と彼女は頼む。しかし夫は、「もうイヤだ、今が面白くてしかたない」と言う。女にとって都合の良すぎる男、度を越して真面目な男は、どこかで事件を起こす。

彼は自分を売り込むための真面目さに、もううんざりしたのだろう。恐怖が消えた後に残るのは、情緒的未成熟、わがまま、自己中心性、忍耐力のなさ、無気力、衝動である。

「もうイヤだ、今が面白くてしかたない」となってしまった夫を力ずくで元に戻せば、家族を責めるオオカミのような夫になるだろう。さらに、責めることを禁じれば、無気力になる。

「良い子」は犯罪などの社会的な問題を起こさなくても、私的にもどこかで問題を起こして、このように社会的に挫折していく。そして挫折したときには、周囲もまた被害をこうむるのである。

人は、犯罪をおかすことだけで関係者に被害を与えているのではない。

この男性よりも早く、結婚前に問題を起こした例である。五十一歳の母親が、二十六歳のひとり息子のことで相談してきた。

息子が同僚と海へ行くと言って、ある女の子と二人で海に行った。泊まりがけの旅行である。帰ってきて様子がおかしいので問い詰めたところ、女子高校生と行っていたことを白状した。

その母親は次のように言う。

「今までは親思いで思いやりがあって、信じられないように真面目で、家の手伝いをして私に対しても優しかったんです。親の言うことを聞く従順な良い子で、頼んだことはやってくれる子でした。それがその子とつきあい出したらいきなり変わり出したんです。とても変わったんですね。嘘はつくし外泊はするし。夜中に帰るようになった。今までそういうことはなかったんです」

母親からしてみると、そこで「やっぱりそんな悪い女の子がいた」ということになる。しかしむしろこの男性は、女子高校生と泊まりがけの旅行に行ったことで、相手側から問題にされた。

しかし息子の方は、それでも「もう昔に戻るのはイヤだ」と言っている。破滅は目に見えている。今までは罰を恐れて行動できなかった。しかし今はもう、それがブレーキにはならない。

衝動のタガが外れた次の例は、女性のケースである。

真面目な彼女は、十九歳のときに結婚、現在三十歳である。結婚してすぐに事業を始めた。夫は賭けごとや女性関係で休みのときでも家にいない。「私はただ働くだけで十年が過ぎた」と言う。

高校を出てすぐだから、何も分からずただ働くだけ働いた。そしてビルを建てた。だから収入はあるけれど、真面目な彼女はどこにも行かなかった。夫は、彼女に「楽しみはダメだ」と言っていた。

夫に好かれたい、愛されたいと思う彼女は、その夫の期待通りに楽しみを捨てて、真面目に勤勉に働いた。

ところが、ゆとりができたところで「ふと、私は今まで何をやっていたんだろうなあと、このごろ思うようになった」。そこでつい誘われるままに、彼女はカラオケなどに行った。そして、「こんなに楽しいことってあったのかな」と思うようになった。

夫は、「自分は遊んでいても私が遊ぶことには反対する」。彼女の態度が変わったので、夫は暴力を振るうようになった。

「夫はすごくヤキモチ焼きなんです、誰と話していても、何を話していた、と疑うんです。『別に何も』と言うと、オレに逆らうのか？　と怒りだすんです」

しかし、一度外れた彼女のタガは、もう戻らなかった。そんなことをしているうちに、彼女はパブで知り合った年下の男性と同棲してしまった。同棲のきっかけは、休みに遊びに行ったことである。タガの外れた彼女は、破滅の道を進み始めた。彼女はもう男なしでは生きていけない。

次に、また別の二十七歳の男性と子どもと四人で一緒に暮らし始めた。その男性は働いていない男性である。

真面目少年の犯罪ばかりではなく、無理をして真面目に生きている人は、長い人生のどこかでつまずく。そのつまずき方が違うだけである。彼女も、もしそれまでの人生をそれなりに満足して生きていれば、それなりの情緒的成熟をしていたろう。ならばカラオケをきっかけに、一気に破滅への道を歩いてはいかない。

こうして破滅に向かう元真面目人間は、優しさがないから、「こういうことをしてはあの人がかわいそうだ」とか、「これをしたらあの人が苦しむ」とかいう歯止めがきかない。元真面目人間は、自分の行動で周囲の人が被る迷惑には気がつかない。

優しさがない人のブレーキが外れると、破滅するまで突き進む。ブレーキなしで暴走した本人もケガをするが、ぶつけられた人もケガをする。彼女とかかわり合った人も次々に破滅していく。

次は、早々とタガが外れたケースである。

「良い子」はさまざまな形でそれまでの鬱屈した感情を晴らしていく。

五十歳の母親である。二十五歳の息子と二十三歳と高校三年生の娘がいる。

高校三年生の娘は、「去年の正月から男の家に行って、成績もどんどん下がる一方で」と言う。そして昔は真面目な良い子だったと嘆く。娘の本性が歪《ゆが》んだ形で爆発したのである。

もうひとりの二十三歳の娘は、髪を赤くして派手になる一方である。男性と頻繁《ひんぱん》に会う。夜に男性から電話がある。「異常ではないでしょうか?」と質問する。

「この娘も昔は真面目な良い子でした」と嘆く。

「素直で勉強を人に負けじとしていました。がんばり通していたんです。手のかからない子でした。反抗期もなかったんです。みんな従順でした」

この娘たちのこれまでの真面目さは、何のための真面目さだったのか。それは親から容認され、保護してもらうための真面目さである。もしこの娘たちが「自分は母親から愛されている」と感じていたら、このように真面目な子どもではなかった。愛されていないと心の底で感じていたから、愛されようと真面目になっていた。

この娘たちは、ただ母親の機嫌を損ねることを恐れて「良い子」を演じていた。そのことに母親は気がついていない。この娘たちは、母親とうまくやっていくために母親に服従していただけである。

この娘たちはこれまで、「自分は何がしたいか」ではなく、「何をしたら喜ばれるか」で生きてきた。

この娘たちは母親を喜ばすため、母親の関心を引くため、「良い子」を演じてきた。そして「良い子」を演じているとき辛かった。

母親の期待も重荷であった。でも親に自分を良く印象づけようと服従してきた。この母親は、服従の裏には敵意があるということに気がついていないのである。

ある意味で、この娘たちは男遊びに明け暮れているから、この母親は救われている。これが娘ではなく息子で、遊びほうけるようになっていなければ、家庭内暴力になっていたかもしれない。

家庭内暴力の子どもなども、親を喜ばそうと必死になって生きてきたのである。しかし親の期待が大きすぎて、自分には実現することは無理であった。その間、心はいつも見捨てられる不安で一杯だった。

子どもの不安の発生原因のひとつは、「あなたが良い子でなければ愛さない」という親の脅しである。

不安な人は、従順、攻撃的、引きこもる、の三種類の反応をするとカレン・ホルナイは言う。真面目ということは親に従順ということである。

あるいは子どもは、分離不安といわれるように、親から分離していく不安があるために、独立への願望を抑えて必死だった。

子どもの最初の不安は落とされること、置き去りにされること、捨てられることだと交流分析のムリエルは述べている(註14)。

「良い子」は見捨てられる不安をはじめ、このようなさまざまな不安から自分を守るために生真面目になっていたのである。

一般的に不安な子どもは、心理的に親から積極的に関心を持たれることを必要とするために、親に気に入られようと自己主張をさけ、自分の欲求を犠牲にする。

たとえば子どもは、ひとりでどこかに行きたいのだけれども、親の意にそわないのではないかと恐れて、そこに行くことをやめることがある。親に気に入られないのではないかと恐れて、やりたいことを次々にあきらめていく。

こうして子どもは、自分自身であることをやめて、親から期待された人間になる。親から見捨てられてひとりになると怖いからである。

その結果、親に対して秘かな敵意を持つようになる。フロムの指摘するように、服従と敵意は分かちがたく結びついている。自我が確立していないほど、憎しみに捕われる。その人の人格すべてが憎しみで占められる。しかし敵意は、服従依存関係には危険である。そこで完璧な「良い子」になると、敵意を意識から排除する。つまり敵意を抑圧して「良い子」を演じ続ける。

この例の子どもたちの自立への試みは、この母親には異常と映る。この子どもたちが自分を喪失しているかぎり、彼女は「この子どもたちは正常である」と信じている。この子たちは早々と「良い子」のタガが外れただけに、周囲への被害は少ないだろう。

この母親にはこれといって関心を持つことがない。私がご主人との生活を大切にするように言うと、「主人とは気が合わないから、私はダメやね。主人はのろまやし、私はのろま嫌いやし。ダメやね、もう。主人とはいろいろ話してもしょうがない。返事が戻ってこないし」。この母親はご主人とうまくいかないという問題を、子どもとの濃密な関係で解決しようとしている。

ご主人のことを聞いても、息子のことを答える。「自分についての相談は？」と聞くと、「私のことは何もない」。

「良い子」が不登校や家庭内暴力をはじめ、さまざまな形で挫折したときに、母親は支配的で、父親は存在感が薄いとよく言われる。しかし問題なのは、母親と父親の仲が本質的に悪いということである。

そしてこの母親のように、仲が悪いと認めている親もいるし、それを認めていない親もいる。また、仲の悪さが表面に表れている両親もいれば、表面には表れていないが、心がふれあっていない両親もいる。いずれにしても、子どもが問題を起こすときには、夫婦関係は本質的にはうまくいっていない。

娘たちが昔は真面目な良い子だったと嘆く件《くだん》の母親からの相談である。前にも紹介したように、二十五歳の息子と二十三歳と高校三年生の娘がいる。この二十五歳の息子は、毎週毎週日曜ごとに二時間カメラを持って出かける。母親は何を写しにいくのかと引き出しを開けると、公園へ行ったり運動会に行って写した写真が出てくる。そのなかには女性の写真もある。いろんな人を写してある。「息子は異常ではないでしょうか」と母親は質問する。

つまりこの母親は、息子がカメラを持って外に出かけることが気に入らない。この母親は息子に、カメラではなく自分に関心を持ってもらいたいのである。この母親は、息子が自分以外のことに関心を持つことが許せないのである。

この母親は、小さな子どもの親に対する要求と同じ要求を二十五歳の息子に持っている。自分だけに関心を持ってもらいたいのに、カメラを持って散歩に行く。それを「息子は異常ではないでしょうか」と質問する。つまり今までは、「親子の役割逆転」

をして、息子はこの親の満足するように行動していたということである。

この母親にとって「良い子」ということは、この息子がカメラを持って外に出かけないということである。こうした親を喜ばそうとする子どもは、自分の感情を偽る。本当の感情を抑圧する。

そしてカメラではなく、違ったことを親と一緒にする。たとえば、日曜日に親と一緒に外出して「わあ、うれしい」と言う。そして完璧な「良い子」になれば、その外出が本当はつまらないのに、意識の上では「面白い」と感じる。

そして、もしこの息子が「良い子」であり続けるとどうなるか。子どもの方は、本来はもっとたくましい子どもなのに、自分は弱い子どもなのだという自己イメージを心の底に持ってしまう。それがどのくらいその子の本来の力を奪うかは計り知れない。

私は日本の子どもは、もともとはもっともっとたくましく力強い人間だと思っている。それが愛情飢餓感から賞賛を求めるあまり、力を失って弱々しくなってしまっている。

ロロ・メイは、私たちが「他人の賞讃を目当てに行動するとき、その行動自身は自分に対する弱さと無価値さの感情を思い出させる（註15）」と述べている。

他人の賞賛を求めることで、私たちが、どのくらい自分の本来の力を失っているか計り知れない。

子どもを一生苦しめる親の〝禁止令〟

従順な「良い子」は、親のさまざまな禁止令をそのまま受け入れる。交流分析のグールディング夫妻はいろいろな禁止令をあげている。

たとえば、「あなたはいない方がいい」というメッセージをそのまま受け入れる。「いない方がいい自分」が、今ここにいるのだから、相手に「すみません」と言って働くであろう。

「あなたはいない方がいい」というのは、たとえばどういうことだろう。それは「あなたがいるからお父さんと離婚できない」などと言う母親である。そういうことは「あなたはいない方がいい」というメッセージになる。

「僕は今、二十一歳、両親が憎くてしかたがないのです。殺してしまいたい。なぜかよく分かりません。僕の家庭は現金至上主義です。父親は自分の父を早く亡くしたので、子どもの扱い方が分からないのでしょう。母親も母を早く亡くしたので同じなのでしょう。

父親はよく暴れて物を投げていました。ガラスを割ったり、階段の上からテレビを落としたり……。母親は陰で悪口ばかり。いつも『離婚したいけど子どもがかわいそうだから』とか、『飛行機事故で死ねば、保険金が一番多く手に入るのに』などと、幼い僕に愚痴を言っては、僕を仲間に引き込もうとしていました」

この子は、「なぜかよく分かりません」と言うが、それは「離婚したいけど子どもがかわいそうだから」という言葉に隠されたメッセージが原因である。幸いこの子は「良い子」ではない。「殺したい」と思っているのだから。

しかし、この同じ状況で「良い子」は「殺したい」という憎しみを抑圧してしまう。つまり、自分の意識から憎しみを排除する。そして母親の与えるメッセージを受け入れる。

「良い子」というのは、この状況で殺意を心の底に抑圧しながら「良い子」を演じるのである。そしてこの荒《すさ》んだ家庭の状況は、自分が悪いからと解釈する。このような「良い子」や家庭はいつか何らかの形で破綻しなければおかしい。

グールディング夫妻の言う禁止令は、もちろんこれだけではない。ほかにもたくさんある。たとえば、恐怖心の強い親たちによって与えられる「○○をするな！」という禁止令である。これを「良い子」は受け入れる。親は、あれをしてはいけない、これをしてはいけないとことごとく子どもがしようとすることを禁止する。

ひとりで道路で遊んではいけない。屋根に登ってはいけない。木に登ってはいけない。川に近づいてはいけない。危ないから棒で遊んではいけない。

そして、このように何もかも「いけない」と言われていると、子どもは自分がすることで、安全なものは何もないと思い込むようになると夫妻は言う。「良い子」は、この親の禁止令に従う。すると「良い子」は、自分のすることに自信を失う。

このように育てられると、大人になり責任ある立場についたとき困る。いろいろなことを自分で決めなければならない。しかし、自分で決めることがものすごく怖い。カレン・ホルナイが言う絶望という感じ方である。なんとも自分で自分が頼りない。

そういう人は、自分が何かを決めていくときに、なんとも不安な気持ちに襲われる。何か今の状態から逃げ出したいような不安な気持ちである。何かつかまるものが欲しい。誰かの言うことを聞いている立場に逃げ出したい。自分が決めないで、誰かが決めてくれたことをしていればよい立場に逃げ出したい。そんな頼りない気持ちに陥る。そうなると「自分にどうするか話してくれる人を探す[註16]」。この文は、グールディング夫妻が子どもについて述べた文であるが、そのまま大人にも当てはまる。「良い子」は、大人になってからも、自分にいちいち指示をしてくれる人を探すようになる。

かつて若い世代を表す表現として〝指示待ち族〟という言葉が使われた。つまり、状況に対する対処能力を失った若者たちということである。指示待ち族というのは、不安で横着な人々である。

何か指示をしてもらわないと何もできない。重要なのは、自分からは何もできなくて人に指示を仰ぐという点である。自分で何か決めようとすると、ものすごく不安で、なんとも頼りない気持ちに襲われる。そのストレスに耐えられなくて、自分のすることを決めてくれる人を探す。その人の言う通りにしている方が安心なのである。

しかし、こうした人は、自分の周囲にとんだ人を呼び寄せてしまう。最後には、もっと大きなストレスを背負い込むことになる。

道に迷って山小屋を見つけたとする。ホッとして、山小屋のおじさんをいい人と思い、すがる。山小屋のおじさんは実は気難しい。

そして何かをしておじさんにものすごく怒られた。するとそのおじさんが死んだ後も、何かをするときに人に「これをしていいですか？」と許可を得ようとするだろう。

迷って山小屋に到達した人と気難しいおじさんは、気持ちがふれあっていない。おじさんは人間かもしれないが、迷って山小屋についた人の方は道具である。そこでいつも「あなたの好みの道具になるにはどうしたらいいですか？」と聞くことになる。こういう人はおじさんが死んでも、また同じタイプの気難しい人を自分の周囲に呼んでしまう。

「良い子」は大人になってからも、何をするにも人の許可を得ようとする。いちいち他人の許可を得る必要もない些細なことまで許可を得ようとする。許可を得ないと、不安なのである。

普通、許可というと自分のしたいことをするときに得るものと思う。しかし、こうした従順な「良い子」の場合には、相手を怒らせてはいけないから得る許可なのである。いつも自分を怒っている相手をなだめるための許可なのである。

同じ許可でも、従順な「良い子」が求める許可と、自然な子どもが求める許可とは違う。

そしてそのような「良い子」は後に大人になって、決断をするのに苦労する。（註17）苦労するというより不安である。責任ある立場に立っても、自分で決断をするのが難しい。その不安やストレスに耐えられないから、人に決断をしてもらう。そしてときには、そのことに不満になったりしている。

組織のなかで何か決めるときに、よく我々は「前例にしたがう」。前例にしたがっていれば安心なのである。前例にしたがうことは、自分が決断する恐怖を避けるということである。とにかく自分の責任において、自分が決めるということは怖い。自分で決めるということは、保護がなくなるということである。それが不安やストレスでもあり、怖くもある。

自分で何かを決められないような人が大人になり、責任ある立場につくと、そのうちの多くの人は挫折する。

「高く伸びる木は、根を深くはやす」という格言がある。「根を深くはやす」とは人間で言えば、このような禁止令を克服、解消するということであろう。ベンツの言う幽霊からの解放である。

幸せな星のもとに生まれた人は、はじめから禁止令を与えられていない。しかし「するな」をはじめとするさまざまな禁止令を与えられ、それを受け入れ、「良い子」になって生きてきた人は、まずその禁止令を自分のなかから解消する努力をすることが第一歩である。

そのような禁止令が解消されないまま、責任ある立場につけば、毎日不安で不安でたまらない。そのストレスに耐えられない。禁止令が解消されないまま、昇進したビジネスマンが昇進うつ病などに陥るのであろう。

先にあげた山小屋の気難しいおじさんの例を思い出してもらいたい。この成功したビジネスマンは、周囲が全員その気難しいおじさんのように見えるのである。そしてもし、自分が失敗をすれば、みな一斉《いっせい》に自分を責めてくるように思う。

敵陣に入った斥候は、ちょっとしたことでビクッとするだろう。「良い子」が大人になったときには、それと同じである。普通に考えれば恐れる理由が何もないのに、いつもビクビクおびえている。世間の人には理由がなく見えるが、本人にはビクビクおびえる理由がちゃんとある。

「もうイヤだ、今が面白くてしかたない」という元真面目夫について先に取り上げた。そしてそこで「良い子」は、犯罪等の社会的な問題を起こさなくても、私的にもどこかで問題を起こして、社会的に挫折していくと述べた。次の例は、犯罪まで行ってしまった例である。

「良い子」で犯罪のような大問題を起こす人は、少年であれ大人であれ、基本的な欲求が満たされていない。火山で言えば、いつ噴火するか分からない状態の人である。危険で危険でそばに近寄れないような人である。しかし周囲の人は、表面の真面目さしか見ないから噴火を予知できない。

「いかなる子どもにも、近親相姦的衝動が発見されるというフロイトの概念は完全に正しい。しかしこの概念のもつ意味はフロイトの仮説以上のものがある。近親相姦的願望は、根本的には性的欲求の結果ではなくて、人間に内在する最も基本的な性向のひとつを構成しているのである。(註18)」

この近親相姦的衝動とフロムが言っているのは、「母なるもの」への衝動である。そしてこの「母なるもの」への衝動を母親が満足させてくれないときには、子どもは大人になっても、何らかの形でそれを満たそうとする。そしてその傾向が、若者が自立して社会的に一人前の人間になるときの最大の障害になる。

「母なる人やそれと等価値のもの――血縁や家族や種族――に結合したいという傾斜は、すべての男女に内在している。それは反対の傾斜――誕生し、前進し、牛長する傾斜とたえず葛藤する。(註19)」

ある人は、おかしな宗教団体に入会し、極端なまでに真面目な信者となるかもしれないし、またある人は、極端な愛国主義者となるかもしれないし、別の人はある思想を排他的に信じ、他の思想の攻撃者となるかもしれないし、またある人は自分の先祖を崇拝し、自分の血に心酔するかもしれない。

彼らはそうしたなかで、母親によって満たされなかった「母なるもの」への願望を満たしているのである。宗教団体の信者のエネルギー、政治的過激主義者の政治活動へのエネルギー、これらが母親固着のエネルギーなのである。

だからそのエネルギーはすさまじい。そしてまた、そのエネルギーは何か牛産的なことに置き換えることはできない。あくまでも母親固着のエネルギーなのだから、前向きのエネルギーではない。

それは自分の心理的な安全を求めるエネルギーである。人を愛するエネルギーではない。自己執着のエネルギーで、人の幸せのために働くエネルギーではない。

ものすごくケチな人が、お金をたくさん持っている。自分の服を買うためには使えるが、人のためには使えない。それと同じである。母親固着のエネルギーは、どのように凄まじいものでも、生産的なことには使えない。

それらの人は、自分で自分が分からなくなっている。そのような人を見ていると、無個性でみな同じような人間になっている。個性とか、その人の独自性とかいうものは感じられない。

また危険なのは、近親相姦的固着は合理化されることである。だからこれらの人は、自分がすでに挫折していることに気がつかない。

合理化とは、自分の子どもが成績が悪いときに、母親が「先生の教え方が悪い」と言うようなことである。

その典型が、真理を求めるということで、行動を合理化する宗教集団の信者、平和ということで行動を合理化する政治的過激集団の人々、あるいは「親孝行」などという合理化である。

本当は現実の生活の辛さに耐えられなくなったのに、真理を求めるという言い方で現実の生活の責任から逃れる。本当は憎しみの表現を、平和を求めるという言い方をする。本当はマザコンなのに、自分の行動を親孝行という。

こういう合理化で現実を逃げても結局は虚《むな》しい。合理化では現実を乗り越えられない。

マザコンの息子は、親に対する思いやりがあるのではなく、親を恐れて親に仕《つか》えているのに、それを「親孝行」と言い張る。親から評価してもらうことがうれしくて、親に奉仕しているのに、その恐怖心を「親孝行」の心と合理化する。

親が痴呆《ちほう》になれば、それが本当の親孝行かどうかなどすぐに分かる。近親相姦的固着を親孝行と合理化している人は、親が痴呆になれば、すぐに親の世話から逃げる。

真面目に会社に仕えるのは私の義務、国家への忠誠は私の義務、それらもときに近親相姦願望の合理化にすぎないことがある。自立できないからそうしているだけということがある。その依存心をもっともらしく立派なことで説明する。

もちろん、真面目に会社で働くことは義務である。だから難しいのである。真面目に会社で働くこと自体を悪いと言っているのではない。なぜそうするかということの動機を問題にしているのである。

ある女性のなかに、近親相姦願望を満たしてくれるものを見つけて、前後を忘れてその女性に溺れていったのではないかと推測される真面目な警察官もいた。彼は勤務態度が真面目だった。

ある日の新聞が、現職の警察官が白昼銀行強盗に入ったことを大々的に報道した。もちろんテレビもラジオも大騒ぎをした。

クラブで会ったホステスのフィリピンの女性からお金をつくってくれと言われて、白昼銀行強盗に及んだのである。家には妻子があり、勤務態度は真面目で、職場でも地域社会でも評判がいい。

人がイヤがる仕事をイヤな顔をしないで代わってあげる。上司からも部下からも信頼は厚い。まさに働き盛り、分別盛りの人である。地域の人は真面目な人と言い、挨拶もマナーも良い。

しかし彼の仕事熱心、生真面目さはおそらく防衛的性格であった。愛想の良さも不安から自分を守るための性格であった。彼の実際の性格ではない。

おそらくこの防衛的性格として、生真面目な警官が銀行強盗までするのは、相手の女性が近親相姦願望をはじめ、彼の基本的な欲求を満たしてくれるものという幻想を持ったからであろう。その関係のなかに彼は、自分の葛藤と不安のひとつの解決を見いだしていたに違いない。

この警官は、生きるのが辛かったに違いない。この警官は「良い子」のまま大人になったのである。「良い子」の大人版と言ってもいいかもしれない。ずーっと「良い子」で真面目に生きてきたのである。真面目に生きてきたけれども、心は満たされてはいなかった。

周囲の人から見れば、なんてバカなことをするのだということになるかもしれないが、生きるのが辛い彼は、彼女と一緒にいるとき、慢性的な不安や、緊張から解放されていたのではなかろうか。その女性といるときは、「母なるもの」への願望が満たされるような錯覚を持った。そして心の底に、べっとりとへばりついている自己蔑視、無力感からも解放され、不安に苦しめられることがなかったのではなかろうか。

そうした点で、彼はその時点を取れば、その女性なしには生きられなかったのかもしれない。彼にとっては彼女は瞬時「母親のように保護し、養い、世話をしてくれる女性[註20]」であったのかもしれない。

そして悲劇の真の原因は、彼の現実の母がそのような母親ではなかったということである。「この種の女性を獲得しかねると、軽い不安感と抑うつ状態に陥りやすい」とフロムは言う。

彼はもともと生真面目に勤務していたが、その生真面目さも「軽い不安感と抑うつ状態[註21]」から必死で逃れるための生真面目な勤務態度であったかもしれない。

彼は四十歳を過ぎるまで、本当の愛に接したことがないに違いない。だから甘い言葉に騙《だま》される。小さいころ「母なるもの」を体験して、生きる支えを心のなかに持っている人は、これほど愚かなことはしない。

心が満たされて、自分の人生の目的があって、それを達成するために真面目でいる人と違い、単に真面目に生きてきた「良い子」には心の支えがない。内にある不満はどこでどう爆発するか分からない。

この「母なるもの」への願望が満たされていないという「良い子」の心理状態が、まえがきで書いた「幼児的願望が満たされていない」ということでもある。

「良い子」は、心が満たされていない人が、真面目という服を着て歩いているようなものである。人は服しか見ないから安心している。

おそらくこの警察官は、執着性格者であろう。彼のような執着性格者の人の人生は、真面目で立派なように見える。確かに外から見ると立派である。しかし、本人たちは満足していない。真面目が好きで、真面目にしている訳ではない。

イワシが健康に良いと思ってイワシを食べる人と、本当はステーキを食べたいのに、イワシしか食べられなくてイワシを食べる人では、同じイワシを食べていても違う。

真面目に仕事をしたくて真面目に仕事をしている人と、遊びたいけど遊べないから真面目に仕事している人では、同じ真面目に働いていても違う。

イワシが健康に良いと思ってイワシを食べる人は満足しているが、イワシしか食べられなくてイワシを食べる人は満足していない。

自分が楽しい高校生活を送りたいからA高校に入った人と、A高校しか入れないからA高校に入った人では、A高校での生活の満足が違う。自分が楽しい高校生活を送りたいからA高校に入った人は満足しているが、A高校しか入れないからA高校に入った人は満足していない。

真面目で立派な生活についても同じである。社会問題を起こす真面目な人は、真面目で立派で不満なのである。

終章

こんな愛が
子どもを幸せにする

私もずっと「いい子」だった

おそらく誰も信じないほど、小さいころの私は「良い子」であった。見事なまでに「親子の役割逆転」を演じていた。

私は小さいころから、父親に気に入られることばかりを考えて生きていた。完全に自分を見失っていた。私は心の底では父親が嫌いであったが、そのことには当時気がついていなかった。とにかく父親が怖かった。

そこで「父親を喜ばすこと」が、少年時代の私の生きるエネルギーのすべてであった。父親の不機嫌が怖かったし、喜ばすことをしていれば、にらみつけられなかったからである。

人は愛情飢餓感が強ければ、相手からより求められ、より感謝され、より受け入れられ、より賞賛されることをする。それをしていないと安心できない。愛されない子どもは、誰でも周囲の人から気に入られようと努力する。私もそうしたままである。

その結果、「良い子」の私は青年時代には生きている実感を失い、ノイローゼ気味だった。私は生きることに喘《あえ》いでいた。

私は二十代のはじめから本を書き始めているが、若いころの著書で生きがい、生きがいと騒いでいるのは、私が生きがいを失い、なんとかして生きがいを得たいと焦っていたからである。

「良い子」の私は、親の感情的要求を満たすために生きていた。たとえば劣等感の深刻な親は、世間の人を何かにつけてあざわらっていた。そして気持ち良くなる人間であった。そこで私は、一緒になって世間の人をあざわらい、親の気持ちを慰めていた。

しかし、両親を立派な人間と思い込まなければ生きることは許されなかった。実は私は心の底では、誰も信じてはいなかった。それに自分では気がついていなかった。

親に都合の良いように振り回されてしまった子どもは、社会に出るとまたずるい人間に利用されてしまう。そこでますます人を信じられなくなる。「良い子」の親は、自分が子どもにどれほど恐ろしいことをしているか気がついていない。

外でいじめられる子が、家でいじめられる習慣を身につけてしまうように、社会に出て、ずるい人間に利用される子どもも、家で他人にとって都合の良い存在になる習慣を身につけてしまうのである。

そしてその後、生きていく過程でいろいろな人と出会うが、その数多くの人のなかから同じタイプの人を選んでいく。それだけに「良い子」は、自分に気がつかなければ生涯貧しい人間関係しか持てない。

貧しい人間関係しか持てないといっても、決して心の貧しい人にしか出会っていないというわけではない。他人への思いやりのある心の優しい人とも出会っているのである。しかし「良い子」は、自分を利用する人と関係を持って、心優しい人とは関係を持たない。

その結果「良い子」というのは、いつも周囲の人からなめられている。大切にはされていない。周囲の人にとって都合の良いだけの人である。何よりもこのことに「良い子」は気がついてほしい。

ある時期に私は、「自分は今までつきあってきたすべての人が嫌いなのだ」と気がついた。誰も彼もすべての人が嫌いだと感じた。そのときに何か「ホッとした」のを覚えている。

私は、それまで自分と接したすべての人が嫌いだった。しかしその嫌いな人を「好き」と思わなければならなかったから、心理的な混乱をしていて生きるのが辛かった。

そして自分は、それらの人すべてを嫌いでもいいのだと思ったときに、「救われた」気持ちになった。「良い子」の私は、自分の飼い主に感謝をしなければならないと思っていた。「ホッとした」のは、そうしなくてもいいのだと思ったからである。

それまでいつも対人関係で「これをしなければ、あれをしなければ」と思いつめていた。しかしそんなことを「しなくてもいいのだ」と思ったときに、「救われた気持ち」になった。

自分のことを主張してもいいのだと思ったときの解放感は、計り知れないものがあった。いつも遠慮をして、人のことを気にして自分の要求を控えていた。

フロムの言う服従と人を喜ばそうとする気持ちと、テレンバッハの言う加害恐怖と、カレン・ホルナイの言う不安からの迎合と頼りない気持ちが一緒になって、不必要な義務感が生まれてくる。そしてみずから人の奴隷《どれい》になっていく。その結果、その人の周りには、ずるい人が集まる。搾取《さくしゅ》するタイプが集まる。

自分が歩んできた道の〝間違い〟に気づこう

私は若いころから悩みについての本を読みまくった。日本語の本も英語の本も数えきれないほど読んだ。しかし幸せになるためには、虚しさに耐える生き方を学ぶことではなく、虚しさの原因を突き止めて、それを解決することを自分で考えることであると分かった。

私が生きがいを見失ったことの原因の第一は、愛されなかったがゆえに、他人が自分をどう見るかを恐れ、気に入られることに努力しすぎたことである。

そして、私は人に気に入られるために「良い子」になった。そしてしていることが、全部立派なのにどうしても生きることが辛かった。毎日毎日が辛かった。極端に言えば、息をするのも辛かった。

またその辛さから本を書きまくって、二十代から三十代にかけて次々とベストセラーを出版した。おかげでその当時は、連日のようにテレビに出ていた。

しかし世の中から、私の期待した尊敬は得られなかった。ときには批判の対象にされた。これだけ立派な生き方をして、これだけ努力しているのに、世の中が認めてくれないことに私は心の底で不満だった。

しかしやがて私は、「良い子」の自分は立派だけれども、気持ちの「優しさ」がないことに気がついた。態度は一見立派だけれども、心は自己中心的であることに気がついた。

私が思いやりと思っていたことは、自己執着的思いやりであることに気がついた。つまり相手のための思いやりではなく、自分が相手に気に入ってもらうための思いやりであることに気がついた。品のない言葉で言えば、自分を売り込むための思いやりであった。

そのときに、私は自分が歩んできた道を顧みて、深く反省した。自分が歩んできた道は、自分が選んで自分が納得していた道ではなく、人の期待にそうための道であることに気がついた。しかもそれは私を愛してくれる人の期待ではなく、私を利用しようとする人の期待である。私が好きな人の期待ではなく、私が嫌いな人の期待である。

そこで私の努力の方向は変わったし、私も変わった。それまでの私の努力は目的を間違えた人の努力であったことに気がついた。

私のところには、毎日「私は何十年もこんなに努力をしました。真面目一筋に生きてきました。でもすべてがうまくいかない」という悩みの手紙が来る。四十代、五十代になっても自分の努力のしかたが間違えたと気がついていない人々である。

人生でまず第一に大切なのは、立派さではなく、優しさである。立派さを売り物にした人は、仲間から好かれないばかりではなく、就職活動でも会社でも採用されないことが多い。今「良い子」に大切なのは立派なことをすることではなく、自分の好きなことを探すことであり、自分の自己執着の強さに気がつくことである。

親の「呪縛」からの解放

父親からの最終的解放は、「偉くならなくていい」と心のなかで思えるようになったことであった。私の父親は息子で勝負をしていた。息子の出世こそ、父親にとっての復讐的勝利であった。父親は親戚をはじめ、世の中に復讐をしたかった。それを息子の成功で果たしたかったのである。

そこで私は小さいころから、とにかく自分は偉くならなければいけないと思い込んでいた。私にとっては偉くなることが、この世で許される唯一の生き方であった。偉くならなければ、私は生きることが許されなかった。偉くならなければ、父親に死んでおわびをしなければならなかった。とにかく私は、偉くなること以外に生きることが許されないのであった。

普通に生きてきた人には、「生きることが許されない」という感覚は、なかなか理解できないと思う。それは辛いものである。ものすごいストレスである。四六時中、刃物を突きつけられているようなものである。

「偉くならなければ生きていてはいけない」という視点からだけしか、物事を見られないというのは、ものすごいストレスである。それはいつも警察に追われているような心理である。

幸福であるかどうか、充実した生活であるかどうかなどという視点はまったくない。社会的に偉くなることが唯一の価値であった。人を見るときに優しい人か、冷たい人かなどという視点はまったくない。それは恐ろしく偏狭《へんきょう》な世界である。

それでありながら、他方で私は「お前はダメな人間だ」ということを、心の底まで徹底的にたたき込まれた。どうしようもなくダメな自分が、ものすごく偉くならなければ生きていることが許されない。このストレスは表現を超えている。

どんなに成功しても、心の底にたたき込まれた自己イメージは変わらない。つまり社会的に成功しても、自分はダメな人間だという感じ方は変わらない。

おそらく偽名現象と言われる心理状態は、これが原因ではなかろうかと思う。偽名現象とは、いつも偽名で生きているような心理状態の人々のことを指している。

小さいころから「お前はダメな人間だ」と思い込まされつつ、他方で成功することを強制された。そして辛い努力の後に、やっと成功したとする。しかし、自分の能力で成功したとは思えない。それは自分はダメな人間という自己イメージは、成功によっても変わらないからである。そこで、偽名を使って生きているように感じてしまう。これを偽名現象という。

偉くならなくても生きていていいのだ

父親は息子との関係においては、絶対の君主であった。それは、サディスティックな関孫であった。徹頭徹尾、息子を痛めつけることで、自分の力を感じていた。したがって私は徹頭徹尾、ダメな人間と思い込まされた。しかし、もうひとつの絶対がある。それは社会的に偉くなることである。それによって父親は、世の中を見返したかったのである。

この二つの矛盾を私に背負わせることで、父親は自分の心の葛藤を解決しようとした。そしてそれは、一時的には解決した。

そして私は、心の柔軟性を失った。心の柔軟性を奪うのは、決して「疑ってはいけないこと」という命令に従うことであるという。それは私の場合で言えば、父親である。父親を疑うことは死を意味した。

さらに矛盾はあった。社会的に偉くないものは価値がない。しかし父親は、社会的に偉くない。学者になったら、ノーベル賞をもらわなければいけない。ノーベル賞ももらえない学者など、生きている価値がない。もし私が学者になれば、ノーベル賞をもらわなければ生きていることが許されない。

そこでもし、私が「でも、父親はノーベル賞をもらっていないのに」などという疑問を持ったら殺される。小さいころ実は、その疑問が心を瞬時過《よぎ》ったとき、怖くて震えるようにしてその疑問を抑圧した。

今から考えると、社会的に問題を起こす新興宗教等の教祖の言うステージとは、このことなのかなと思う。父親は普通の人間ではないのである。社会的に偉くならなければ、生きることが許されないのは普通のステージの人間の話である。

父親は、そうした普通のステージの人間ではないということである。たしかに私は、小さいころ自分の父親は、自分とはステージが違うと思っていた。だから、父親に許されることでも、自分には許されないと思っていた。

自分は努力してノーベル賞をもらわなければ、生きていることは許されないけれども、父親は怠けていても、尊敬すべき人間であった。つまり、新興宗教の教祖である。自分と父親とは同じ基準で、判断されるべきではないと思い込んでいた。

私はあるときに野原を歩いていた。そして、なぜかふと「偉くならなくても生きていていいんだ」と思った。その瞬間、地べたに座り込んでしまうような解放感があった。自分の息苦しさは、自分の片寄った価値観だと分かったとき、ふーっと力が抜けた。

おわりに

最後に、「良い子」がすべて悪いなどと言っているのではないことを断っておきたい。この本で説明したような「良い子」が問題だと言っているだけである。素直な良い子で、望ましい子ももちろんいる。

子どもがノートを汚く書いてしまった。そこで母親が「これでは将来困るだろう」と思い、子どものことを考えて叱る。そしてその叱った後で、消しゴムで綺麗にノートを消してあげる。

母親の消しゴムで、ノートは白く綺麗になった。それを見て子どもは、母親の愛情を感じる。そして反省をし、ノートは綺麗に書こうという気持ちになる。綺麗に書こうという意欲も湧いてくる。母親の消している姿を見て、子どもは素直になる。

素直さを引き出すのは愛しかない。「素直に言ってごらん」と子どもに言っても、こちらに愛がなければ子どもは素直には言わない。「良い子」は、このような愛がないのに、力で言うことをきかされている。

汚く書いたノートを見て母親が、「この子は勉強したくないからだ」と腹を立てて、叱ったとする。「私の気持ちが分からないの」と子どもに腹を立てる。そして子どもを叱る。その後のフォローはない。「良い子」の親は、子どもを叱るけれども、理解しようとはしない。

すると子どもはすねるか、母親に叱られるのが怖いから綺麗に書こうと思う。すねる子は「良い子」ではないが、叱られるのが怖いから字を綺麗に書く子は「良い子」である。

この子どもは「字を綺麗に書こう」という自分の意志は持たなくなる。しかし、綺麗には書く。これが後に問題を起こす「良い子」である。自分の意志で綺麗に字を書く良い子は、将来問題を起こさない。

また真面目な子どもが、少年のころからいろいろと問題を起こすが、考え方によっては少年時代に問題を起こして良かったということもできる。もし、ここで立ち直れば、後の人生はがんばれる。

しかし、ここで問題を起こさないと、大学生になって無気力になったかもしれないし、ビジネスマンになってうつ病になったかもしれないし、あるいは快楽に走って破滅したかもしれないし、結婚して家族に暴力を振るったかもしれないし、自分の子どもを虐待したかもしれない。

今、問題を起こした人は、おかしな育ち方をしたツケを今払えたのである。むしろ「よかった」と思って、生き方を変えることである。

この本は、『子どもを幸福にする愛　辛くする愛』（小社刊）に続いて、優れた編集者である野島純子さんにお世話になった。誠意のある編集に紙面を借りて感謝をします。

加藤諦三

文庫版あとがき

小さい子どもは助けを求めるときに泣く。この泣くことが攻撃性を表している。

子どもが泣いたときに「この子はなぜ泣いたのだろう？」と考える親は、優しい親である。子どもの気持ちを理解する。

逆に子どもに「こうあるべき」を主張する親は、「べき」を主張することで自分の日頃の憎しみを間接的に表現している。正義を盾にして親が怒りの感情を発散している。そして子どもが飴が欲しいのにネックレスを与えて愛しているつもりになっている。

試験に失敗した子に「だからもっと勉強しろと言ったじゃないの」と、グジュグジュと責める。

親の「べき」は子どものプレッシュアーとなり、子どものコミュニケーション能力を破壊する。

子どもは自分の感情を味わう能力を失い、自分の感情を表現する能力を失う。そして無表情な良い子になる。

心理的に健康な大人は、小さいころから心の避難場所があった。本当のことを言える人がいた。誰か頼れる人がいた。

しかし大人になって神経症的傾向が強くなる人は、小さいころ自分自身を含めて誰にも本当のことが言えなかった。心の避難場所がなかった。

《註》

1 David Shapiro, Neurotic styles, Basic Books, Inc., Publishers, 1965. p.170.

2 前掲書、p.169.

3 W. Beran Wolfe, How to Be Happy Tough Human,『どうしたら幸福になれるか』上巻、周郷博訳、岩波書店、一九六〇年、三一頁。

4 E・フロム『人間における自由』谷口隆之助・早坂泰次郎訳、創元新社、昭和三十年、八三頁。

5 Lawrence A. Pervin, Personality, John Wiley & sons, Inc.

6 Valerie Malhotra Bentz, Becoming Mature, Aldine de Gruyter, 1898, p.4.

7 Rollo May, Man's Search For Himself,『失われし自我を求めて』小野泰博訳、誠信書房、一九七〇年、二五六頁。

8 前掲書、二五八頁。

9 Valerie Malhotra Bentz, Becoming Mature, Aldine de Gruyter, 1898, p.4.

10 W. Beran Wolfe, How to Be Happy Tough Human,『どうしたら幸福になれるか』上巻、周郷博訳、岩波書店、一九六〇年、二九頁。

11 河合隼雄『コンプレックス』岩波新書、一九七一年、一〇八頁。

12 前掲書、三二頁。

13 Valerie Malhotra Bentz, Becoming Mature, Aldine de Gruyter, 1898, p.3.

14 Muriel James & Dorothy Jongeward, Born to Win, Addison-Wesley Publishing Company,

Inc., 1971, p.265,『自己実現への道』本明寛他訳、社会思想社、一九七六年、二〇七頁。

15 Rollo May, Man's Search For Himself,『失われし自我を求めて』小野泰博訳、誠信書房、一九七〇年、二五九頁。

16 "and looks around for someone to tell him."

17 "Such a child will have great difficulty making decisions in later life."

18 Erich Fromm, the Heart Of Man, Harper & Row, Publishers, New York,『悪について』鈴木重吉訳、紀伊國屋書店、一九六五年、一四一頁。

19 前掲書、一四一頁。

20 前掲書、一三一―一三二頁。

21 前掲書、一三二頁。

〈本書は、二〇〇一年に小社より四六判で刊行された『伸びる子・伸びない子は親の愛で変わる』を改題し、加筆・修正したものです。〉

青春文庫

親《おや》が与《あた》えている愛《あい》 子《こ》どもが求《もと》めている愛《あい》
「いい子《こ》」は、なぜ幸《しあわ》せになれないのか

2016年 1月20日 第1刷

著　者　加《か》藤《とう》諦《たい》三《ぞう》
発行者　小澤源太郎
責任編集　株式会社プライム涌光
発行所　株式会社青春出版社
〒162-0056　東京都新宿区若松町 12-1
電話 03-3203-2850（編集部）
03-3207-1916（営業部）
振替番号　00190-7-98602
印刷／中央精版印刷
製本／フォーネット社
ISBN 978-4-413-09637-9

ほんとうのあなたに出逢う　青春文庫

真田丸の顚末　信繁の武士道

徳川家康に一度は切腹を覚悟させた「日本一《ひのもといち》の兵《つわもの》」の戦いぶりとその生き様とは！

中江克己

(SE-632)

リバウンドしない収納の魔法

テレビや雑誌、セミナーなどで活躍中の収納王子が実践している片づけノウハウ。たった3ステップでみるみるキレイに！

収納王子コジマジック

(SE-633)

闇に消えた歴史の真相　暗黒の日本史

そのとき、何が起きたのか？本能寺の変、坂本龍馬暗殺…「もうひとつの歴史」が明らかに！

歴史の謎研究会［編］

(SE-634)

虫じゃないのになぜ「蛙《かえる》」は虫へん？

日本人なのに答えられない漢字の謎

木を囲むと、なぜ「困」る？「越（える）」「超（える）」の使い分けは？イラストでわかる漢字の「へぇ～」がいっぱい！

日本語研究会［編］

(SE-635)

青春文庫 加藤諦三著 子育ての好評既刊

子どもを幸福にする愛 辛くする愛

"こころ"を育てる心理学

子どもの心に伝わる愛情の
かけ方を知っていますか?

※電子書籍(kindle版)発売中

子どもに自信をつける言葉 傷つける言葉

何気ない親の「ひと言」で
子どもは変わっていく!

ISBN978-4-413-09513-6 657円

お願い
ページわりの関係からここでは一部の既刊本しか掲載してありません。
折り込みの出版案内もご参考にご覧ください。

※上記は本体価格です。(消費税が別途加算されます)
※書名コード(ISBN)は、書店へのご注文にご利用ください。書店にない場合、電話または
Fax(書名・冊数・氏名・住所・電話番号を明記)でもご注文いただけます(代金引替宅急便)。

商品到着時に定価+手数料(何冊でも全国一律210円)をお支払いください。

〔直販係 電話03-3203-5121 Fax03-3207-0982〕
※青春出版社のホームページでも、オンラインで書籍をお買い求めいただけます。
ぜひご利用ください。〔http://www.seishun.co.jp/〕

親が与えている愛
子どもが求めている愛

「いい子」は、なぜ幸せになれないのか

加藤諦三